Gottfried Keller

# Romeo und Julia auf dem Dorfe

Vereinfachte Fassung
für Deutsch als Fremdsprache

Klett Edition Deutsch

Für die Vereinfachung des Wortschatzes wurde als Grundlage benutzt:
Heinz Oehler, Grundwortschatz Deutsch – Essential German – Allemand fondamental
Ernst Klett Verlag, Stuttgart, Klettbuch 5196

1. Auflage 1 10 9 8 7 | 1993 92 91 90

Alle Drucke dieser Auflage können im Unterricht nebeneinander benutzt werden. Die letzte Zahl bezeichnet das Jahr dieses Druckes.

Umschlag: Edgar Dambacher, Korb. Zeichnungen: Karlheinz Grindler, Stuttgart. Vignetten: Walter Rieck, Heilbronn.
Druck: Gutmann + Co., Heilbronn. Printed in Germany.
ISBN 3-12-559170-8

I

An dem schönen Flusse, der eine halbe Stunde entfernt an Seldwyl vorüberzieht, lagen vor Jahren auf einem größeren Erdhügel drei lange *Äcker*, gleich drei riesigen Bändern nebeneinander. An einem sonnigen Septembermorgen *pflügten* zwei Bauern auf zweien dieser Äcker, und zwar auf jedem der beiden äußeren; der mittlere schien seit Jahren wüst zu liegen, denn er war mit Steinen und hohem *Unkraut* bedeckt. Die Bauern aber, welche zu beiden Seiten hinter ihrem Pfluge gingen, waren lange, knochige Männer von ungefähr vierzig Jahren und zeigten auf den ersten Blick den sichern, gutgestellten Bauersmann. Langsam und mit einer gewissen natürlichen Würde setzten sie einen Fuß um den andern vorwärts, und keiner sprach ein Wort, außer wenn er etwa dem *Knechte*, der die Pferde antrieb,

---

*der Acker* Feld
*pflügen* einen Pflug (s. S. 5) durch die Erde ziehen
*das Unkraut* Pflanze, die anderen Pflanzen schadet
*der Knecht* arbeitet für den Bauern

einen Befehl gab. So glichen sie einander vollkommen in einiger Entfernung; denn sie stellten die Art dieser Gegend dar. Beide pflügten ruhevoll, und es war schön anzusehen in der stillen goldenen Septembergegend, wenn sie so auf der Höhe des Hügels aneinander vorbeizogen, still und langsam, und sich allmählich voneinander entfernten, immer weiter auseinander, bis beide wie zwei untergehende Sterne hinter dem Hügel hinabgingen und verschwanden, um einige Zeit danach wieder zu erscheinen. Wenn sie einen Stein in ihren *Furchen* fanden, so warfen sie diesen auf den wüsten Acker in der Mitte, was aber nur selten geschah, da dieser schon fast mit allen Steinen belastet war, die überhaupt auf den Nachbaräckern zu finden gewesen.

*Furche*

So war der lange Morgen zum Teil vergangen, als von dem Dorfe her ein kleines hübsches *Fuhrwerk* sich näherte, welches kaum zu sehen war, als es begann, die leichte Höhe heranzukommen. Das war ein grünbemaltes Kinderwägelchen, in welchem die Kinder der beiden Pflüger, ein Junge und ein kleines Mädchen, gemeinsam die Vormittagsmahlzeit heranfuhren. Für jeden Teil lag ein schönes Brot, in ein Tuch gewickelt, eine Flasche Wein mit Gläsern und noch irgend etwas Besonderes in dem Wagen, welches die Bäuerin für den fleißigen Meister mitgesandt. Außerdem waren da noch allerlei Äpfel und Birnen, welche die Kinder am Wege aufgesammelt, und eine völlig nackte *Puppe* mit nur einem Bein, welche wie ein Fräulein zwischen den Broten saß und sich gemütlich fahren ließ. Dies Fuhrwerk hielt nach manchem Aufenthalt endlich auf der Höhe im Schatten eines jungen Baumes, welcher da am Rande des Feldes stand, und nun konnte man die beiden Kinder näher betrachten. Es war ein Junge von sieben Jahren und ein

*Fuhrwerk*

*Puppe*

Mädchen von fünfen, beide gesund und vergnügt, und weiter war nichts Auffallendes an ihnen, als daß beide sehr hübsche Augen hatten und das Mädchen dazu noch eine bräunliche Gesichtsfarbe und ganz dunkle Haare. Die Pflüger waren jetzt auch wieder oben angekommen, hielten den Pferden etwas Gras hin und ließen die *Pflüge* in der halbfertigen Furche stehen, während sie als gute Nachbarn zu der gemeinsamen Mahlzeit gingen und sich da zuerst begrüßten; denn bis dahin hatten sie sich noch nicht gesprochen an diesem Tage.

*Pflug*

Wie nun die Männer ihr Frühstück einnahmen und auch den Kindern davon gaben, die nicht von der Stelle gingen, solange gegessen und getrunken wurde, ließen sie ihre Blicke in der Nähe und Ferne herumwandern, auch über den wüsten Acker zwischen ihren beiden Feldern.

„Schad' ist es doch", fing Manz, der eine der Bauern an, „daß der gute Boden so daliegen muß, es ist nicht zum Ansehen, das geht nun schon bald zwanzig Jahre so, und keine Seele fragt danach; denn hier im Dorf ist niemand, der irgendein Recht auf den Acker hat, und niemand weiß auch, wo die Kinder des verdorbenen *Trompeters* hingekommen sind."

*Trompeter*

„Hm!" sagte Marti, der andere der Bauern. „Das wäre so eine Sache! Wenn ich den schwarzen *Geiger* ansehe, der sich bald bei den Heimatlosen aufhält, bald in den Dörfern zum Tanz aufspielt, so möchte ich sicher sein, daß er ein *Enkel* des Trompeters ist, der freilich nicht weiß, daß er noch einen Acker hat. Was täte er aber damit? Einen Monat lang trinken und dann nach wie vor! Außerdem,

*Geiger*

---

*der Enkel* der Sohn des Sohnes (oder der Tochter)

wer dürfte da etwas sagen, da man es doch nicht sicher wissen kann!"

„Das könnte eine schöne Geschichte geben!" antwortete Manz. „Wir haben so genug zu tun, diesen Geiger hier wegzubekommen. Sind seine Eltern einmal unter die Heimatlosen gegangen, mag er auch da bleiben. Wie in aller Welt können wir wissen, daß er des Trompeters Enkel ist? Was mich betrifft, wenn ich den Alten auch in dem dunklen Gesicht vollkommen zu erkennen glaube, so sage ich: Irren ist menschlich, und das kleinste Stückchen Papier, ein Stück von einem *Taufschein* würde meinem Gewissen besser tun als zehn ungetaufte Menschengesichter!"

„Eia, sicherlich!" sagte Marti. „Er sagt zwar, er sei nicht schuld, daß man ihn nicht getauft habe! Aber sollen wir unseren *Taufstein* tragbar machen und in den Wäldern herumtragen? Nein, er steht fest in der Kirche. Wir sind schon zu viele im Dorf und brauchen bald zwei Schulmeister!"

Hiermit war die Mahlzeit und das Gespräch der Bauern zu Ende, und sie standen auf, um den Rest ihrer heutigen Vormittagsarbeit zu vollenden. Die beiden Kinder dagegen zogen ihr Fuhrwerk unter den Schutz der jungen Bäume und liefen selbst dann auf eine Entdeckungsfahrt in den wilden Acker, da dieser mit seinen Unkräutern und Steinhaufen eine ungewohnte und merkwürdige *Wildnis* dar-

---

*der Taufschein* Dokument über die Taufe, d. h. die Aufnahme in die christliche Kirche

*der Taufstein* das Wasser für die Taufe wird aus dem *Taufstein* genommen

*die Wildnis* Stück Land mit vielen wild wachsenden Pflanzen

stellte. Nachdem sie in der Mitte dieser grünen Wildnis einige Zeit hingewandert, Hand in Hand, ließen sie sich endlich nieder, und das Mädchen begann, seine Puppe mit den langen Blättern des Unkrautes zu bekleiden, so daß sie einen schönen grünen Rock bekam; eine einsame rote *Mohnblume*, die da noch blühte, wurde ihr über den Kopf gezogen und mit einem Grase festgebunden. Sie spielten eine Zeitlang mit der Puppe, mit Steinen, den wilden Pflanzen und miteinander, bis sie müde wurden und in der hellen Mittagssonne einschliefen.

*Mohnblume*

Inzwischen hatten die Väter ihre Äcker fertiggepflügt und in frische braune Fläche verwandelt. Als sie nun mit der letzten Furche zu Ende gekommen und der Knecht des einen halten wollte, rief sein Meister: „Was hältst du? Kehr noch einmal um!“ – „Wir sind ja fertig!“ sagte der Knecht. „Sei still und tu, wie ich dir sage!“ rief der Meister. Und sie kehrten um und rissen eine gute Furche in den mittleren herrenlosen Acker hinein, daß Kraut und Steine flogen. Der Bauer hielt sich aber nicht mit diesen auf, er mochte denken, hierzu sei noch Zeit genug vorhanden. So ging es schnell die Höhe hinauf, und als man oben angekommen, da pflügte auf der anderen Seite der Nachbar vorüber und schnitt ebenfalls eine dicke Furche vom mittleren Acker, daß die Erde nur so zur Seite flog. Jeder sah wohl, was der andere tat, aber keiner schien es zu sehen, und sie verloren sich wieder, indem jedes Sternbild still am andern vorüberging und hinter diese runde Welt verschwand.

*Fragen*

1. Wie viele Äcker liegen auf dem Erdhügel am Fluß? Wem gehören sie?
2. Wie sieht der mittlere aus? Warum?
3. Wem gehörte der Acker früher? Wem jetzt?
4. Was für Männer sind die beiden Bauern? Was für einen Eindruck machen sie, während sie pflügen?
5. Sind Manz und Marti gute Nachbarn? Begründen Sie Ihre Meinung.
6. Verstehen sich die Kinder gut? Woher wissen Sie das?
7. Was machen die beiden Bauern, als sie ihre Äcker fertiggepflügt haben?

## 2

Es kam eine Ernte nach der anderen und jede sah die Kinder größer und schöner werden und den herrenlosen Acker schmäler zwischen seinen breit gewordenen Nachbarn. Mit jedem Pflügen verlor er auf beiden Seiten eine Furche, ohne daß ein Wort darüber gesprochen worden wäre. Die Steine wurden immer mehr zusammengedrängt und bildeten schon einen ordentlichen *Kamm* auf der ganzen Länge des Ackers, und das wilde *Gesträuch* darauf war schon so hoch, daß die Kinder, obgleich sie gewachsen waren, sich nicht mehr sehen konnten, wenn eines dies- und das andere jenseits ging. Denn sie gingen nun nicht mehr gemeinsam auf das Feld, da der zehnjährige Salomon oder Sali, wie er genannt wurde, sich schon auf Seite der größeren *Burschen* und der Männer hielt; und das braune Vrenchen mußte bereits unter den Mädchen gehen, sonst wäre es von den andern ausgelacht worden. Dennoch nahmen sie während jeder Ernte, wenn alles auf den Äckern war, einmal Gelegenheit, den wilden Steinkamm, der sie trennte, zu besteigen und sich gegenseitig von demselben herunterzustoßen.

*Gesträuch*

Inzwischen sollte der Acker doch endlich verkauft und der Gewinn amtlich aufgehoben werden. Die *Versteigerung* fand an Ort und Stelle statt, wohin aber nur einige Zuschauer kamen außer den Bauern Manz und Marti, da niemand Lust hatte, das *seltsame* Stückchen zu kaufen und

---

*der Kamm* hier: Berg in Form eines Kammes
*der Bursche* junger Mann, Jugendlicher
*die Versteigerung* Verkauf für den bestmöglichen Preis
*seltsam* sonderbar, merkwürdig

zwischen den zwei Nachbarn zu *bebauen.* Denn obgleich diese zu den besten Bauern des Dorfes gehörten und nichts weiter getan hatten, als was zwei Drittel der übrigen unter diesen Umständen auch getan haben würden, so fand man jetzt doch ein Unrecht bei ihnen, und niemand wollte zwischen ihnen sein mit dem schmal gewordenen Felde. Die meisten Menschen sind ſähig oder bereit, ein in der Luft liegendes Unrecht zu tun, wenn sie mit der Nase daraufstoßen; sobald aber einer es getan hat, sind die übrigen froh, daß sie es doch nicht gewesen sind. Manz und Marti waren also die einzigen, welche ernstlich auf den Acker boten; nach einem ziemlich harten Überbieten bekam ihn Manz. Die Beamten und die Zuschauer verließen das Feld; die beiden Bauern, welche sich auf ihren Äckern noch kurz umgesehen, trafen beim Weggehen wieder zusammen, und Marti sagte: „Du wirst nun dein Land, das alte und das neue, wohl zusammenlegen und in zwei gleiche Stücke teilen? – „Das werde ich tun", antwortete Manz, „denn als ein Acker würde mir das Stück zu groß sein. Doch was ich sagen wollte: Ich habe bemerkt, daß du neulich noch am untern Ende dieses Ackers, der jetzt mir gehört, so hineingefahren bist, daß du ein gutes Dreieck abgeschnitten hast. Du hast es vielleicht getan in der Meinung, du werdest das ganze Stück an dich bringen und es sei dann sowieso dein. Da es nun aber mir gehört, so wirst du wohl einsehen, daß ich eine solche krumme Linie nicht brauchen noch erlauben kann, und wirst nichts dagegen haben, wenn ich den Strich wieder grad mache! Streit wird das nicht geben sollen!"

---

*bebauen* ein Feld so bearbeiten, daß Getreide darauf wächst

Marti antwortete ebenso ruhig, wie ihn Manz angeredet hatte: „Ich sehe auch nicht, wo der Streit herkommen soll! Ich denke, du hast den Acker gekauft, wie er da ist, wir haben ihn alle gemeinsam besehen, und er hat sich seit einer Stunde nicht um ein Haar verändert!"

„Larifari!" sagte Manz. „Was früher geschehen ist, wollen wir ruhen lassen! „Was aber zuviel ist, ist zuviel, und alles muß zuletzt eine ordentliche grade Art haben; diese drei Äcker sind von jeher so grade nebeneinander gelegen, wie nach dem *Lineal* gezeichnet; es ist ein ganz sonderbarer Spaß von dir, wenn du nun ein solch lächerliches und unvernünftiges Dreieck dazwischenbringen willst, und wir beide würden einen Übernamen bekommen, wenn wir das krumme Ding da bestehen ließen. Es muß einfach weg!"

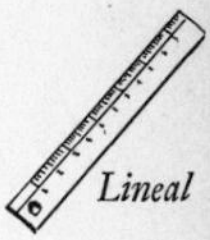
*Lineal*

Marti lachte und sagte: „Du hast ja auf einmal eine merkwürdige Furcht vor den Leuten! Das läßt sich aber ja wohl machen; mich stört das Krumme gar nicht; ärgert es dich, gut, so machen wir es grad, aber nicht auf meiner Seite, das gebe ich dir schriftlich, wenn du willst!"

„Rede doch nicht so spaßhaft", sagte Manz, „es wird wohl grad gemacht, und zwar auf deiner Seite, darauf kannst du Gift nehmen!"

„Das werden wir ja sehen und erleben!" sagte Marti, und beide Männer gingen auseinander, ohne sich weiter anzublicken; vielmehr sahen sie nach verschiedener Richtung ins Blaue hinaus, als ob sie da irgendwelche Merkwürdigkeiten im Auge hätten, die sie mit ihren Geisteskräften betrachten müßten.

Schon am nächsten Tage schickte Manz zwei junge Knechte und sein eigenes Söhnchen Sali auf den Acker hinaus, um das wilde Unkraut und Gesträuch auszureißen und aufeinander zu werfen, damit nachher die Steine um so bequemer weggefahren werden könnten. Dies war eine Änderung in seinem Wesen, daß er den kaum elfjährigen Jungen, der noch zu keiner Arbeit herangezogen worden, nun mit hinaussandte. Es schien, als ob er mit dieser Arbeitsstrenge gegen sein eigenes Blut das Unrecht überdecken wollte, in dem er lebte und welches nun begann, seine Folgen ruhig zu entwickeln.

Das junge Völklein arbeitete inzwischen lustig an dem Unkraut und an den sonderbaren Pflanzen aller Art, die da seit Jahren wuchsen. Denn da es eine außergewöhnliche, gleichsam wilde Arbeit war, bei der keine Regel und keine Sorgfalt verlangt wurde, so war sie eine Lust. Das wilde Zeug, an der Sonne getrocknet, wurde auf einen Haufen getragen und mit großem Freudengeschrei verbrannt. Die jungen Leutchen sprangen wie verrückt darin herum. Dies war das letzte Freudenfest auf dem Unglücksfelde, und das junge Vrenchen, Martis Tochter, kam auch hinaus und half tapfer mit. Das Ungewöhnliche dieses Ereignisses und

die lustige Unruhe gaben einen guten Grund, mit seinem kleinen Jugendgespielen zusammenzukommen, und die Kinder waren recht glücklich und vergnügt bei ihrem Feuer. Es kamen noch andere Kinder hinzu, eine ganze vergnügte Gesellschaft; doch immer, sobald sie getrennt wurden, suchte Sali wieder neben Vrenchen zu kommen, und dieses wußte ebenso immer vergnügt lächelnd zu ihm zu eilen, und es war beiden Kindern, wie wenn dieser herrliche Tag nie enden müßte und könnte.

Doch der alte Manz kam gegen Abend herbei, um zu sehen, was sie geleistet, und obgleich sie fertig waren, so *schalt* er doch wegen dieser Lust und trieb die Gesellschaft auseinander. Zugleich zeigte sich Marti auf seinem Acker, und seine Tochter sehend, pfiff er ihr laut und befehlend durch den Finger, so daß sie erschrocken hineilte. Er gab ihr, ohne zu wissen warum, einige *Ohrfeigen*, so daß beide Kinder in großer Traurigkeit und weinend nach Hause gingen. Sie wußten jetzt eigentlich sowenig, warum sie so traurig waren, wie warum sie vorhin so vergnügt gewesen; denn die Härte der Väter, an sich ziemlich neu, war von den Kindern noch nicht begriffen und konnte sie nicht tiefer bewegen.

Die nächsten Tage war es schon eine härtere Arbeit, zu welcher Männer gehörten, als Manz die Steine aufnehmen und wegfahren ließ. Alle Steine der Welt schienen da beisammen zu sein. Er ließ sie aber nicht ganz vom Felde wegbringen, sondern jede Wagenladung auf jenem streitigen Dreiecke abwerfen, welches von Marti schon sauber

---

*schelten* böse Worte machen
*die Ohrfeige* Schlag ins Gesicht

umgepflügt war. Er hatte vorher einen graden Strich gezogen als Grenzlinie und belastete nun dies kleine Stück Erde mit allen Steinen, welche beide Männer seit undenklichen Zeiten herübergeworfen hatten, so daß eine gewaltige Pyramide entstand. Diese würde sein Gegner nicht wegbringen, dachte er. Marti hatte dies nicht erwartet; er glaubte, der andere werde nach alter Weise mit dem Pfluge zu Werke gehen wollen, und hatte daher gewartet, bis er ihn als Pflüger ausziehen sähe. Erst als die Sache schon beinahe fertig war, hörte er von dem schönen Denkmal, welches Manz da baute, rannte voll Wut hinaus, sah die Pyramide, rannte zurück und holte den Dorfpolizisten, um vorläufig gegen den Steinhaufen zu protestieren und das Stück Land gerichtlich konfiszieren zu lassen. Von diesem Tage an lagen die zwei Bauern im Prozeß miteinander und ruhten nicht, ehe sie beide *zugrunde gerichtet* waren.

## *Fragen*

1. Was ist aus dem herrenlosen Acker geworden?
2. Warum konnten Sali und Vrenchen nicht mehr gemeinsam auf das Feld gehen?
3. Warum wollte niemand außer Manz und Marti das Stück Land zwischen den beiden Äckern kaufen?
4. Wie hat der Streit zwischen Manz und Marti angefangen?
5. Wer, glauben Sie, hatte Recht? Begründen Sie Ihre Meinung.

---

*zugrunde richten* finanziell und/oder moralisch vernichten

## 3

Die Gedanken der sonst so klugen Männer waren nun so kurz geschnitten wie *Häcksel;* der kleinlichste Rechtssinn von der Welt erfüllte jeden von ihnen, indem keiner begreifen konnte noch wollte, wie der andere so offenbar unrechtmäßig das unbedeutende Ackerstück an sich reißen könne. Bei Manz kam noch ein wunderbarer Sinn für Symmetrie und parallele Linien hinzu, und er fühlte sich wirklich beleidigt durch die verrückte Härte, mit welcher Marti an dem Dasein des krummen Dreiecks festhielt. Beide trafen zusammen in der Überzeugung, daß der andere ihn notwendig für einen Dummkopf halten müsse, da man so etwas vielleicht einem armen haltlosen Narren, nicht aber einem klugen und *wehrhaften* Manne gegenüber sich erlauben könne. Jeder sah sich in seiner Ehre beleidigt und gab sich voll und ganz der Leidenschaft des Streites hin.

Da sie eine ungerechte Sache hatten, so fielen beide in die allerschlimmsten Hände von Menschen, welche ihre verdorbene Phantasie hochtrieben zu den tollsten Träumen. Bald hatte jeder der Streitenden eine große Zahl von Ratgebern hinter sich, die alles Geld auf hundert Wegen herauszuziehen wußten. Denn das Stückchen Erde mit dem Steinhaufen darüber, auf welchem bereits wieder ein Wald von Unkraut blühte, war nur der erste Grundstein zu einer Lebensweise, in welcher die zwei Fünfzigjährigen noch neue Gewohnheiten, Grundsätze und Hoffnungen annahmen. Je mehr Geld sie verloren, desto leidenschaftlicher

---

*der Häcksel* kleingeschnittenes Stroh
*wehrhaft* fähig sich zu verteidigen

wünschten sie welches zu haben, und je weniger sie besaßen, desto dringender dachten sie reich zu werden und dem andern zuvorzukommen. Sie ließen sich zu jedem Unrecht *verleiten* und setzten auch jahrelang in alle fremden *Lotterien*, deren Lose massenhaft in Seldwyla zu kaufen waren. Aber nie bekamen sie einen Gewinn zu Gesicht, sondern hörten nur immer vom Gewinnen anderer Leute, und wie sie selbst beinahe gewonnen hätten. Manchmal machten sich die Seldwyler den Spaß, beide Bauern, ohne ihr Wissen, am gleichen Lose teilnehmen zu lassen, so daß beide die Hoffnung auf die Vernichtung des andern auf ein und dasselbe Los setzten.

Sie verbrachten die Hälfte ihrer Zeit in der Stadt, wo jeder sich den Kopf heißmachen und zu den lächerlichsten Geldausgaben verleiten ließ, so daß beide, welche eigentlich nur in diesem Streit lebten, um für keine Dummköpfe zu gelten, nun solche von der besten Sorte darstellten und von jedermann dafür angesehen wurden. Die andere Hälfte der Zeit blieben sie schlecht gelaunt zu Hause oder taten ihre Arbeit, wobei sie dann durch ein tolles Übereilen und Drängen die ungetane Arbeit nachzuholen suchten und damit jeden ordentlichen Arbeiter vertrieben. So ging es gewaltig rückwärts mit ihnen, und ehe zehn Jahre vorüber waren, steckten sie beide von Grund aus in Schulden.

Aber wie es ihnen auch ging, der Haß zwischen ihnen wurde täglich größer, da jeder den andern als die Ursache seines Unglücks betrachtete. Sie kehrten um, wenn sie sich nur von weitem sahen; kein Glied ihres Hauses durfte mit

---

*verleiten* auf einen falschen Weg bringen
*die Lotterie* Glücksspiel

Frau, Kind oder Knecht des andern ein Wort sprechen, wenn es nicht schlimm dafür bestraft werden wollte. Ihre Frauen benahmen sich verschieden bei dieser Verarmung und Verschlechterung des ganzen Hofes. Die Frau des Marti, welche von guter Art war, hielt diesen Verfall nicht aus, litt bitter unter der Lage und starb, ehe ihre Tochter vierzehn Jahre alt war. Die Frau des Manz dagegen *paßte* sich der veränderten Lebensweise *an*, und fing an, einige weibliche Fehler, die sie schon immer besaß, besonders blühen zu lassen. Von Tag zu Tag wurde sie *naschhafter* und *eitler*, sie gab Geld für sich aus, wo sie konnte, dabei lief ihre Zunge immer schneller, und Lügen und Falschheiten zu erzählen wurde ihre Lust. Und so, statt unter ihrem Manne zu leiden, machte sie sich über ihn lustig; wenn er es böse trieb, so machte sie es bunt und trug in jeder Weise dazu bei, daß das Haus weiter verfiel.

So stand es nun schlimm um die armen Kinder, welche weder eine gute Hoffnung für ihre Zukunft fassen konnten noch sich auch nur einer frohen Jugend freuten, da überall nichts als Streit und Sorge war. Vrenchen war anscheinend in einer schlimmeren Lage als Sali, da ihre Mutter tot und sie allein in einem wüsten Hause mit einem *verwilderten* Vater leben mußte. Als sie sechzehn Jahre zählte, war sie schon ein gutgewachsenes hübsches Mädchen; ihre dunkelbraunen Haare rollten sich fast bis über die blitzenden braunen Augen, dunkelrotes Blut durchschien die Wangen

---

*sich anpassen* leben, wie die Umstände verlangen
*naschhaft* wer dauernd etwas Süßes ißt, ist *naschhaft*
*eitel* wer dauernd in den Spiegel sieht, um sich schön zu machen, ist *eitel*
*verwildert* ohne Ordnung, ungepflegt

des bräunlichen Gesichtes und glänzte als tiefer Purpur auf den frischen Lippen, wie man es selten sah. Feurige Lebenslust und Fröhlichkeit zitterte in jedem Teil dieses Mädchens; sie lachte und hatte Lust zu Scherz und Spiel, wenn das Wetter nur im geringsten lieblich war, d. h. wenn sie nicht zu sehr zu leiden hatte und nicht zu viele Sorgen sie drückten.

Von diesen gab es aber genug; denn nicht nur hatte sie das wachsende *Elend* des Hauses mitzutragen, sondern es mußte noch für sich selber sorgen und mochte sich gern ordentlich und reinlich kleiden, obwohl der Vater ihr nicht die geringsten Mittel dazu geben wollte. So hatte Vrenchen die größte Not, sich einigermaßen anzuziehen, ein einfaches Sonntagskleid zu finden und einige bunte, fast wertlose Halstüchlein zusammenzuhalten. Darum war das schöne, junge Mädchen in jeder Weise gehindert und hatte keinerlei Gelegenheit zur Eitelkeit. Außerdem hatte sie bei schon wachem Verstande das Leiden und den Tod ihrer Mutter gesehen, und diese Erinnerung war ein weiterer *Zügel*, der ihrem lustigen und feurigen Wesen angelegt war, so daß es nun höchst bewegend aussah, wenn trotz alledem das gute Kind bei jedem Sonnenschein zum Lächeln bereit war.

*Zügel*

Sali ging es nicht so hart auf den ersten Blick; denn er war nun ein hübscher und kräftiger junger Bursche, der sich zu verteidigen wußte. Er sah wohl die üble Wirtschaft seiner Eltern und glaubte sich erinnern zu können, daß es nicht immer so gewesen war; ja er trug noch das frühere Bild seines Vaters in seinem Gedächtnis als eines festen,

---

*das Elend* Unglück, Armut

klugen und ruhigen Bauern, desselben Mannes, den er jetzt als einen grauen Narren, Streitsucher und *Müßiggänger* vor sich sah, der auf hundert dummen und gefährlichen Wegen ging. Wenn ihm nun dies mißfiel und ihn oft mit *Scham* und Traurigkeit erfüllte, so wurden seine Sorgen wieder überdeckt durch die Art, mit der ihn die Mutter behandelte. Denn um ihn auf ihrer Seite zu haben, gab sie ihm, was er wünschte, kleidete ihn sauber und half ihm in allem, was er zu seinem Vergnügen tat. Er ließ sich dies gefallen ohne viel Dankbarkeit, da ihm die Mutter viel zuviel dazuredete. Trotz dieser Freiheit, welche Sali genoß, wurde er seines Lebens doch nicht froh und fühlte wohl, wie er nichts Rechtes vor sich hatte und ebensowenig etwas Rechtes lernte, da von einem zusammenhängenden und vernünftigen Arbeiten in Manzens Hause längst nicht mehr die Rede war. Sein bester Trost war daher, stolz auf seine Unabhängigkeit zu sein, und in diesem Stolze ließ er die Tage vergehen und dachte nicht an die Zukunft.

Das einzige, wozu ihn sein Vater zwang, war die Feindschaft gegen alles, was Marti hieß und an diesen erinnerte. Doch wußte er nichts anderes, als daß Marti seinem Vater Schaden gebracht und daß man in dessen Hause ebenso feindlich denke und es fiel ihm daher nicht schwer, weder den Marti noch seine Tochter anzusehen. Vrenchen dagegen, welche mehr leiden mußte als Sali und in ihrem Hause viel verlassener war, fühlte sich weniger zu einer Feindschaft geneigt und glaubte sich nur *gering geschätzt* von

*der Müßiggänger* arbeitet überhaupt nicht
*die Scham* bitteres Gefühl
*gering geschätzt* wenig geachtet

dem gutgekleideten und scheinbar glücklicheren Sali; deshalb versteckte sie sich vor ihm, und wenn er irgendwo nur in der Nähe war, so ging sie eilig fort, während er sich nicht die Mühe gab, ihr nachzublicken. So kam es, daß er das Mädchen schon seit ein paar Jahren nicht mehr in der Nähe gesehen und gar nicht wußte, wie sie aussah, seit sie herangewachsen war. Und doch wunderte es ihn zuweilen ganz gewaltig, und wenn überhaupt von den Martis gesprochen wurde, so dachte er nur an die Tochter, deren jetziges Aussehen ihm nicht deutlich war.

Doch war sein Vater Manz nun der erste von den beiden Feinden, der sich nicht mehr halten konnte und von Haus und Hof springen mußte. Dies kam daher, daß er eine Frau besaß, die ihm geholfen, und einen Sohn, der doch auch einiges mitbrauchte, während Marti der einzige Geldausgeber war in seinem zerfallenen Besitz, und seine Tochter durfte wohl arbeiten wie ein Pferd, aber nichts gebrauchen. Manz aber wußte nichts anderes zu tun, als auf den Rat seiner Seldwyler Freunde in die Stadt zu ziehen und da als *Wirt* anzufangen. Es ist traurig anzusehen, wenn ein früherer Landmann, der auf dem Felde alt geworden ist, mit den Resten seines Besitzes in eine Stadt zieht und da eine *Kneipe* auftut, um als letzte Rettung den freundlichen und gewandten Wirt zu machen, während es ihm alles andere als freundlich zu Sinn ist. Als die Manzen vom Hofe zogen, sah man erst, wie arm sie bereits waren; denn sie luden lauter alte und zerfallene Möbel auf den Wagen, denen man es ansah, daß seit vielen Jahren nichts erneuert

---

*der Wirt* gibt Essen und Trinken gegen Geld
*die Kneipe* billiges Gasthaus

worden war. Als Manz so abfuhr, bemerkte er wohl, wie Marti voll Schadenfreude sich nahe der Straße zu tun machte, *fluchte* ihm und hielt ihn für die alleinige Ursache seines Unglückes. Sali aber, sobald das Fuhrwerk im Gange war, eilte voraus und ging allein auf Seitenwegen nach der Stadt.

„Da wären wir!" sagte Manz, als der Wagen vor der Kneipe anhielt. Die Frau erschrak darüber, denn das war in der Tat ein trauriger Gasthof. Die Nachbarn traten unter die Fenster und vor die Häuser, um sich den neuen Bauernwirt anzusehen. Mit nassen Augen kletterte die Manzin vom Wagen herunter und lief in das Haus, um sich heute nicht wieder blicken zu lassen; denn sie *schämte sich* wegen

---

*jdm fluchen* jdm Böses wünschen
*sich schämen* sich bedrückt fühlen

der schlechten Möbel und der verdorbenen Betten, welche nun in den Gasthof getragen wurden. Sali schämte sich auch, aber er mußte helfen. Im Hause aber sah es noch trauriger aus. Die Wände waren schlecht geweißte feuchte Mauern, außer der dunklen unfreundlichen *Gaststube* mit ihren früher blutroten Tischen waren nur noch zwei schlechte Zimmerchen da, und überall hatte der frühere Mieter den schlimmsten Schmutz zurückgelassen.

So war der Anfang und so ging es auch weiter. Während der ersten Woche kamen, besonders am Abend, wohl hin und wieder ein Tisch voll Leute aus Neugier, den Bauernwirt zu sehen, und ob es da vielleicht einigen Spaß gebe. Am Wirt hatten sie nicht viel zu betrachten, denn Manz war ungewandt, unfreundlich und melancholisch und wußte sich gar nicht zu benehmen, wollte es auch nicht wissen. Er füllte langsam und ungeschickt die Gläser, stellte sie schlecht gelaunt vor die Gäste und versuchte etwas zu sagen, brachte aber nichts heraus. Desto mehr bemühte sich nun seine Frau und hielt die Leute wirklich einige Tage zusammen, aber in einem ganz anderen Sinne, als sie meinte. Die ziemlich dicke Frau hatte sich eine eigene Kleidung zusammengesetzt, in der sie unwiderstehlich zu sein glaubte. Die Seldwyler von der schlechtesten Sorte, die da saßen, hielten die Hand vor den Mund, wollten vor Lachen sterben, stießen sich unter dem Tisch mit den Füßen und sagten: „Potztausend! Das ist ja eine Herrliche!" – „Eine Himmlische!" sagte ein anderer. „Es ist der Mühe wert, hierherzukommen, so eine haben wir lang nicht gesehen!" Ihr Mann be-

---

*die Gaststube* Eßraum im Wirtshaus

merkte das wohl mit bösem Blicke; er gab ihr einen Stoß in die Seite und sagte leise „Du alte Kuh! Was machst du denn?“ – „Störe mich nicht“, sagte sie, „du alter Dummkopf! Siehst du nicht, wie ich mir Mühe gebe und die Leute zu behandeln weiß? Laß mich nur machen, ich will bald viele Gäste hier haben!“ Sali, der Sohn, aber ging hinaus in die dunkle Küche, setzte sich auf den *Herd* und weinte über Vater und Mutter.

*Herd*

Die Gäste hatten aber bald genug von dem Schauspiel, welches ihnen die gute Frau Manz bot und blieben wieder, wo es ihnen wohler war; nur selten erschien ein einzelner, der ein Glas trank. Es wurde der kleinen Familie angst und bange in den engen Mauern, wo sie kaum die Sonne sahen, und Manz, welcher sonst gewohnt war, tagelang in der Stadt zu sein, fand es jetzt unerträglich zwischen diesen Wänden. Nun dauerte es aber nicht mehr lange, und sie verarmten gänzlich und hatten gar nichts mehr in der Hand; sie mußten, um etwas zu essen, warten, bis einer kam und für wenig Geld etwas von dem noch vorhandenen Wein trank, und wenn er eine Wurst oder dergleichen verlangte, so hatten sie oft die größte Angst und Sorge, wie sie diese herholen könnten. Bald hatten sie auch den Wein nur noch in einer großen Flasche verborgen, die sie in einer andern Kneipe füllen ließen, und so sollten sie nun die Wirte machen ohne Wein und Brot und freundlich sein, ohne ordentlich gegessen zu haben. Sie waren beinahe froh, wenn niemand kam, und saßen so in ihrem Kneipchen, ohne leben noch sterben zu können.

Um wenigstens etwas Eßbares zu bekommen und die Zeit zu verbringen, begannen Vater und Sohn mit der Fischerei.

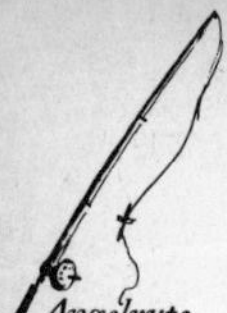
Angelrute

Forelle

Mit der *Angelrute* zu stehen, hatten er und sein Sohn allerdings keine Geduld, und sie erinnerten sich, wie die Bauern auf manche andere Weise etwa Fische fangen, besonders mit den Händen in den Bächen; daher nahmen sie die Ruten nur zum Schein mit und gingen an den Ufern der Bäche hinauf, wo sie wußten, daß es teure und gute *Forellen* gab.

Dem auf dem Lande zurückgebliebenen Marti ging es inzwischen auch immer schlimmer, und es war ihm höchst langweilig dabei, so daß er, anstatt auf seinem Felde zu arbeiten, ebenfalls auf das Fischen fiel und tagelang im Wasser herumstand. Vrenchen durfte nicht von seiner Seite und mußte ihm Eimer und Geräte nachtragen durch nasse Wiesen und Bäche, bei Regen und Sonnenschein, während sie das Notwendigste zu Hause liegenlassen mußte. Denn es war sonst keine Seele mehr da und wurde auch keine gebraucht, da Marti das meiste Land schon verloren hatte und nur noch wenige Äcker besaß, die er mit seiner Tochter schlecht genug oder gar nicht bearbeitete.

Gewitterwolken

So kam es, daß, als er eines Abends einen ziemlich tiefen und schnell fließenden Bach entlangging, in welchem die Forellen fleißig sprangen, da der Himmel voll *Gewitterwolken* hing, er unerwartet auf seinen Feind Manz traf, der an dem andern Ufer daherkam. Sobald er ihn sah, stieg eine schreckliche Wut in ihm auf; sie waren sich seit Jahren nicht so nahe gewesen, ausgenommen vor Gericht, wo sie nicht schelten durften, und Marti rief jetzt laut: „Was tust du hier, du Hund? Kannst du nicht in deinem *Lotterneste* bleiben, du Seldwyler Lumpenhund?“

---

*Lotternest* (vulg.) unordentliches Heim

„Wirst nächstens wohl auch ankommen, du Schelm!" rief Manz. „Fische fängst du ja auch schon und wirst deshalb nicht viel mehr zu verlieren haben!"

„Schweig, du Hund!" schrie Marti, da hier die Wellen des Baches stärker rauschten. „Du hast mich ins Unglück gebracht!" Und da jetzt auch die Bäume am Bache gewaltig zu rauschen anfingen im beginnenden Gewitterwind, so mußte Manz noch lauter schreien „Wenn dem nur so wäre, so wollte ich mich freuen, du elender Tropf!" – „O du Hund!" schrie Marti herüber und Manz hinüber: „O du Kalb, wie dumm tust du!" Und jener sprang wie ein *Tiger* den Bach entlang und versuchte herüberzukommen. Der Grund, warum er der Wütendere war, lag in seiner Meinung, daß Manz als Wirt wenigstens genug zu essen und zu trinken hätte und sicher ein kurzweiliges Leben führe, während es ungerechterweise ihm so langweilig wäre auf seinem verlassenen Hofe.

*Tiger*

Manz schritt indessen auch grimmig genug an der andern Seite hin; hinter ihm sein Sohn, welcher, statt auf den bösen Streit zu hören, neugierig und verwundert nach Vrenchen hinübersah, welche hinter ihrem Vater ging, vor Scham in die Erde sehend, daß ihr die braunen Haare ins Gesicht fielen. Sie trug einen Fischeimer in der einen Hand, in der andern hatte sie Schuh und Strümpfe getragen und ihr Kleid der Nässe wegen hochgenommen. Seit aber Sali auf der andern Seite ging, hatte sie es sinken lassen und war nun dreifach bedrängt, da sie all das Zeug tragen, den Rock zusammenhalten und des Streites wegen sich schämen mußte. Hätte sie aufgesehen und nach Sali geblickt, so würde sie entdeckt haben, daß er weder vornehm noch sehr stolz mehr aussah und selbst traurig genug war.

Steg

Während Vrenchen so ganz beschämt und verwirrt auf die Erde sah und Sali nur diese in allem Elende hübsch anzusehende Gestalt im Auge hatte, bemerkten sie dabei nicht, wie ihre Väter still geworden, aber mit verstärkter Wut einem hölzernen *Stege* zueilten, der in kleiner Entfernung über den Bach führte und eben sichtbar wurde. Es fing an zu blitzen und beschien seltsam die dunkle melancholische Wassergegend; es donnerte auch in den grauschwarzen Wolken und schwere Regentropfen fielen, als die verwilderten Männer gleichzeitig auf die schmale, unter ihren Tritten *schwankende* Brücke stürzten, sich gegenseitig packten und die Fäuste in die vor Wut und Traurigkeit bleichen zitternden Gesichter schlugen. Es ist ein tiefes Elend, wenn zwei alte Menschen, die sich wohl kennen und seit lange kennen, aus innerster Feindschaft heraus sich mit nackten Händen anfassen und mit Fäusten schlagen. So taten jetzt diese beiden grauhaarigen Männer; vor fünfzig Jahren vielleicht hatten sie sich als Jungen zum letztenmal geschlagen, dann aber fünfzig lange Jahre mit keiner Hand mehr berührt, ausgenommen in ihrer guten Zeit, wo sie sich etwa zum Gruße die Hände geschüttelt, und auch dies nur selten bei ihrem trockenen und sicheren Wesen.

Nachdem sie ein- oder zweimal geschlagen, hörten sie auf und *rangen* still zitternd miteinander, und einer versuchte den andern von der Brücke ins Wasser zu werfen. Jetzt waren aber auch ihre Kinder nachgekommen und sahen die schlimme Szene. Sali sprang heran, um seinem Vater zu helfen, dem gehaßten Feind ein Ende zu machen,

---

*schwanken* sich hin und her bewegen
*ringen, a, u* Körper an Körper kämpfen

der sowieso der Schwächere schien. Aber auch Vrenchen sprang, alles wegwerfend, mit einem langen Schrei herzu und warf sich auf ihren Vater, um ihn zu decken, während sie ihn dadurch nur hinderte. Tränen füllten ihre Augen, und sie sah bittend den Sali an, der eben dabei war, ihren Vater zu fassen und ganz zu Boden zu werfen. Ohne es zu wollen, legte er aber seine Hand an seinen eigenen Vater und suchte diesen mit festem Arm von dem Gegner loszubringen und zu beruhigen, so daß die ganze Gruppe unruhig hin und her drängte, ohne auseinanderzukommen. Darüber waren die jungen Leute, sich mehr zwischen die Alten schiebend, in dichte Berührung gekommen, und in diesem Augenblicke brach eine Wolke auseinander und der helle Abendschein fiel auf das nahe Gesicht des Mädchens. Sali sah in dies ihm so wohlbekannte und doch so anders und schöner gewordene Gesicht. Vrenchen sah in diesem Augenblick auch sein Erstaunen, und sie lächelte ganz kurz und schnell mitten in ihren Schrecken und ihren Tränen ihn an. Doch Sali brachte seinen Vater mit eindringlichen bittenden Worten und fester Haltung endlich ganz von seinem Feinde weg. Beide alte Männer atmeten hoch auf und begannen jetzt wieder zu schelten und zu schreien, sich voneinander wegwendend; ihre Kinder aber atmeten kaum und waren still wie der Tod, gaben sich aber im Wegwenden und Trennen, ungesehen von den Alten, schnell die Hände, welche vom Wasser und von den Fischen feucht und kühl waren.

Als die Parteien ihrer Wege gingen, hatten die Wolken sich wieder geschlossen, es dunkelte mehr und mehr, und der Regen goß nun in Bächen durch die Luft. Manz ging voraus auf den dunklen nassen Wegen, er zitterte noch in seinen Gesichtszügen und mit den Zähnen, und ungesehene Tränen flossen ihm in den Bart, die er fließen ließ, um sie durch das Wegwischen nicht zu verraten. Sein Sohn hatte aber nichts gesehen, weil er in glücklichen Bildern verloren daherging. Er merkte weder Regen noch Sturm, weder Dunkelheit noch Elend; sondern leicht, hell und warm war es ihm innen und außen, und er fühlte sich so reich und sicher wie ein Prinz. Er sah nur immer das sekundenlange Lächeln des nahen schönen Gesichtes und *erwiderte* dasselbe erst jetzt, eine gute halbe Stunde nachher, indem er voll Liebe in Nacht und Regen hinein das liebe Gesicht anlachte, das ihm überall aus dem Dunkel entgegentrat, so daß er glaubte, Vrenchen müsse auf seinen Wegen dies Lachen notwendig sehen und es in sich fühlen.

---

*erwidern* beantworten

*Fragen*

1. Mit was für Leuten kamen Manz und Marti jetzt zusammen? Warum? Was wollten diese Leute von ihnen?
2. Warum wollte keiner von beiden im Streit nachgeben?
3. Wie benahmen sich die beiden Frauen dabei?
4. Was für ein Mädchen ist Vrenchen geworden? Was für ein Leben hatte sie nach dem Tod ihrer Mutter?
5. Ging es Sali besser als Vrenchen? War er seines Lebens froh?
6. Wie war das Geschäft in Manzens Kneipe a) am Anfang, b) nach einigen Tagen?
7. Wo trafen sich Sali und Vrenchen wieder? Was fühlten sie, als sie einander sahen?

## 4

Manz war am andern Tage wie zerschlagen und wollte nicht aus dem Hause. Der ganze Streit und das vieljährige Elend nahm heute eine neue, deutlichere Gestalt an und breitete sich dunkel aus in der drückenden Luft der kleinen Kneipe. Nur Sali sah und hörte nichts davon, denn er dachte nur an Vrenchen. Es war ihm immer noch so, nicht nur als ob er unsäglich reich wäre, sondern auch was Rechts gelernt hätte und unendlich viel Schönes und Gutes wüßte, da er nun so deutlich und bestimmt um das wußte, was er gestern gesehen. Dieses Wissen war ihm wie vom Himmel gefallen, und er war in einem unaufhörlichen glücklichen Staunen darüber; und doch war es ihm, als ob er es eigentlich immer gewußt und gekannt hätte, was ihn jetzt mit so wunderbarer Süßigkeit erfüllte. Denn nichts gleicht dem Reichtum eines Glückes, das an den Menschen herantritt in der so klaren und deutlichen Gestalt eines anderen Menschen.

Sali fühlte sich an diesem Tage weder untätig noch unglücklich, weder arm noch hoffnungslos; vielmehr war er ganz damit beschäftigt, sich Vrenchens Gesicht und Gestalt vorzustellen, unaufhörlich, eine Stunde wie die andere; über dieser Tätigkeit aber verschwand ihm der Gegenstand derselben fast vollständig, das heißt, er meinte endlich, nun doch nicht zu wissen, wie Vrenchen recht genau aussehe, er habe wohl ein allgemeines Bild von ihr im Gedächtnis, aber wenn er sie beschreiben sollte, so könnte er das nicht. Er erinnerte sich genau an die Gesichtszüge, welche das kleine Mädchen einst gehabt, aber nicht eigentlich an die, welche er gestern gesehen. Hätte er Vrenchen nie wieder zu sehen bekommen, so hätten sich seine Erinnerungskräfte schon allein helfen müssen und das liebe Gesicht ordentlich wieder zusammengetragen. Jetzt aber verweigerten sie einfach ihren Dienst, weil die Augen nach ihrem Recht und ihrer Lust verlangten, und als am Nachmittage die Sonne warm und hell auf die schwarzen Häuser schien, lief Sali aus der Stadt und seiner alten Heimat zu, die ihm jetzt erst ein himmliches Jerusalem zu sein schien und sein Herz klopfen machte, als er sich ihr näherte.

Er traf auf dem Wege auf Vrenchens Vater, welcher nach der Stadt zu gehen schien. Der sah sehr wild und unordentlich aus, sein grau gewordener Bart war seit Wochen nicht gepflegt, und er sah aus wie ein recht böser verlorener Bauersmann, der sein Feld verloren hat und nun geht, um andern Übles zu tun. Dennoch sah ihn Sali, als sie aneinander vorübergingen, nicht mehr mit Haß, sondern voll Furcht an, als ob sein Leben in dessen Hand stände. Marti aber sah ihn mit einem bösen Blicke von oben bis unten an und ging seines Weges. Das war indessen dem Sali recht, welchem es nun, da er den Alten das Dorf verlassen sah, deutlicher wurde, was er eigentlich da wolle, und er lief auf altbekannten Wegen so lange um das Dorf herum und durch dessen kleinere Straßen, bis er sich Martis Haus und Hof gegenüber befand. Seit mehreren Jahren hatte er diesen Ort nicht mehr so nah gesehen; denn auch als sie noch hier wohnten, achteten die verfeindeten Leute darauf, sich nicht zu begegnen. Deshalb war er nun erstaunt über das, was er doch an seinem eigenen Vaterhause erlebt, und blickte voll Erstaunen in die Wildnis, die er vor sich sah. Dem Marti war ein Stück Ackerland um das andere genommen worden, er besaß nichts mehr als das Haus und den Platz davor mit etwas Garten und dem Acker auf der Höhe am Flusse, welchen er am längsten behalten wollte.

*Rüben*

*Kohl*

*Türangel*

*Kreuzspinne*

*Bohnen*

Es war aber keine Rede mehr von einer ordentlichen Bearbeitung, und der Acker, der einst so schön im gleichmäßigen Korne gestanden, wenn die Ernte kam, sah jetzt aus wie ein recht übel gepflegter Gemüseplatz, dazu angelegt, um von der Hand in den Mund zu leben, hier eine Handvoll *Rüben* auszureißen, wenn man Hunger hatte und nichts Besseres wußte, dort einen Teller Kartoffeln oder *Kohl*, und das übrige wild wachsen zu lassen, wie es mochte. Auch lief jedermann darin herum, wie es ihm gefiel, und das schöne breite Stück Feld sah beinahe so aus wie einst der herrenlose Acker, von dem alles Unglück herkam. Deshalb war um das Haus nicht eine Spur von Landwirtschaft zu sehen. Der *Stall* war leer, die Türe hing nur in einer *Angel*, und unzählige *Kreuzspinnen*, den Sommer hindurch halb groß geworden, ließen ihre Fäden in der Sonne glänzen vor dem dunklen Eingang. Das Haus selbst war ebenso zerfallen anzusehen; die Fenster waren vielfach zerbrochen und mit Papier verklebt, aber doch waren sie das Freundlichste an dem Verfall; denn sie waren klar und sauber gewaschen und glänzten so hell wie Vrenchens Augen, welche ihr in ihrer Armut ja auch allen übrigen Schmuck ersetzen mußten. Und wie die dunklen Haare und die rotgelben Halstücher zu Vrenchens Augen, stand zu diesen blitzenden Fenstern das wilde grüne Gesträuch, was da durcheinander wuchs um das Haus, schwankende *Bohnen*wäldchen und eine ganze duftende Wildnis von rotgelben Blumen.

---

*der Stall* Raum für Tiere

Dieser mehr malerische als einladende Hof lag etwas beiseit und hatte keine näheren Nachbarhäuser, auch ließ sich in diesem Augenblicke nirgends eine lebendige Seele sehen; Sali stand daher in aller Sicherheit, etwa dreißig Schritte entfernt, und sah, ohne sich zu bewegen, nach dem stillen wüsten Hause hinüber. Eine ganze Zeit stand und schaute er so, als Vrenchen unter die Haustür kam und lange vor sich hin blickte, wie mit allen ihren Gedanken an einem Gegenstande hängend. Sali rührte sich nicht und wandte kein Auge von ihr. Als sie endlich zufällig in dieser Richtung hinsah, fiel er ihr in die Augen. Sie sahen sich eine Weile an, herüber und hinüber, als ob sie eine Lufterscheinung betrachteten, bis Sali endlich langsam über die Straße und über den Hof ging, auf Vrenchen los. Als er dem Mädchen nahe war, streckte sie ihre Hände ihm entgegen und sagte „Sali!" Er ergriff die Hände und sah ihr nur ins Gesicht. Tränen stürzten aus ihren Augen, während sie un-

ter seinen Blicken dunkelrot wurde, und sie sagte: „Was willst du hier?“

„Nur dich sehen!“ erwiderte er. „Wollen wir nicht wieder gute Freunde sein?“ –

„Und unsere Eltern?“ fragte Vrenchen, ihr weinendes Gesicht zur Seite neigend, da sie die Hände nicht frei hatte, um es zu bedecken.

„Sind wir schuld an dem, was sie getan und geworden sind?“ sagte Sali. „Vielleicht können wir das Elend nur gutmachen, wenn wir zwei zusammenhalten und uns recht lieb sind!“ –

„Es wird nie gut kommen“, antwortete Vrenchen mit einem tiefen *Seufzer*, „geh in Gottes Namen deiner Wege, Sali!“ –

„Bist du allein?“ fragte dieser. „Kann ich einen Augenbilck hineinkommen?“ –

„Der Vater ist zur Stadt, wie er sagte, um deinem Vater irgend etwas anzuhängen; aber hereinkommen kannst du nicht, weil du später vielleicht nicht so ungesehen weggehen kannst wie jetzt. Noch ist alles still und niemand um den Weg, ich bitte dich, geh jetzt!“ –

„Nein, so geh' ich nicht! Ich mußte seit gestern immer an dich denken, und ich geh' nicht so fort, wir müssen miteinander reden, wenigstens eine halbe Stunde lang oder eine Stunde, das wird uns guttun!“

Vrenchen dachte einen Augenblick nach und sagte dann: „Ich geh' gegen Abend auf unsern Acker hinaus, du weißt, welchen, wir haben nur noch den, und hole etwas Gemüse. Ich weiß, daß niemand weiter dort sein wird, weil die

---

*der Seufzer* langer Atemzug

Leute anderswo schneiden; wenn du willst, so komm dorthin, aber jetzt geh und paß auf, daß dich niemand sieht! Wenn auch kein Mensch hier mehr zu uns kommt, so würden sie doch ein solches Gerede machen, daß es der Vater sogleich hörte."

Sie ließen sich jetzt die Hände frei, ergriffen sie aber sofort wieder, und beide sagten gleichzeitig: „Und wie geht es dir?" Aber statt sich zu antworten, fragten sie das gleiche aufs neue, und die Antwort lag nur in den Augen, da sie nach Art der Verliebten die Worte nicht mehr zu finden wußten, und ohne sich weiter etwas zu sagen, endlich auseinanderliefen. „Ich komme recht bald hinaus, geh nur gleich hin!" rief Vrenchen noch nach.

Sali ging auch gleich auf den stillen schönen Hügel hinaus, über welchen die zwei Äcker liefen, und die glänzende stille Julisonne, die fahrenden weißen Wolken, welche über das reife Kornfeld wegzogen, der blitzende blaue Fluß, der unten vorüberrauschte, alles dies erfüllte ihn zum ersten Male seit langen Jahren wieder mit Glück und Zufriedenheit, statt mit Traurigkeit, und er warf sich der Länge nach in den Halbschatten des Kornes, wo dieses Martis wilden Acker begrenzte, und guckte glücklich in den Himmel.

Obgleich es kaum eine Viertelstunde dauerte, bis Vrenchen nachkam, und er an nichts anderes dachte als an sein Glück und dessen Namen, stand sie doch plötzlich und unerwartet vor ihm, auf ihn niederlächelnd, und froh erschreckt sprang er auf. „Vreeli!" rief er und diese gab ihm still und lächelnd beide Hände, und Hand in Hand gingen sie nun das Korn entlang bis gegen den Fluß hinunter und wieder zurück, ohne viel zu reden; sie legten zwei- oder dreimal den Hin- und Herweg zurück, still, voller Glück und ruhig, so daß dieses einige Paar nun auch einem Sternbilde glich, welches über die sonnige Rundung des Hügels und hinter diesen niederging, wie einst die sichergehenden Pflüge ihrer Väter.

Als sie aber einmal dic Augen von den blauen Kornblumen aufschlugen, auf die sie gerichtet, sahen sie plötzlich einen andern dunklen Stern vor sich hergehen, einen schwärzlichen Kerl, von dem sie nicht wußten, woher er so überraschend gekommcn. Er mußte im Korne gelegen haben; Vrenchen fuhr zusammen, und Sali sagte erschreckt: „Der schwarze Geiger!“ In der Tat trug der Kerl, der vor ihnen herstrich, eine *Geige* mit dem *Bogen* unter dem Arm und sah übrigens schwarz genug aus; neben einem schwarzen Hütchen und einem schwarzen *rußigen* Hemd, das er trug, war auch sein Haar pechschwarz, so wie der ungepflegte Bart, das Gesicht und die Hände aber ebenfalls geschwärzt; denn er trieb allerlei Handwerk, meistens *Kesselflicken*, half auch den Kohlenbrennern in den Wäldern und ging mit der Geige nur aus, wenn die Bauern irgendwo lustig waren und ein Fest feierten.

*Geige*

*Bogen*

Sali und Vrenchen gingen mäuschenstill hinter ihm her und dachten, er würde vom Felde gehen und verschwinden, ohne sich umzusehen, und so schien es auch zu sein, denn er tat, als ob er nichts von ihnen merkte. Sie kamen an das Ende des Feldes, wo jener ungerechte Steinhaufen lag, der das immer noch streitige Ackerstückchen bedeckte.

---

*rußig* schmutzig von Kohlenstaub
*Kessel flicken* Töpfe reparieren

Eine zahllose Menge von Mohnblumen wuchs jetzt dort, weshalb der kleine Berg feuerrot aussah zur Zeit. Plötzlich sprang der schwarze Geiger mit einem einzigen Sprung auf die rotbekleidete Steinmasse hinauf, wendete und sah ringsum. Das Pärchen blieb stehen und sah zu dem dunklen Burschen hinauf; vorbei konnten sie nicht gehen, weil der Weg ins Dorf führte, und umkehren mochten sie auch nicht vor seinen Augen. Er sah sie scharf an und rief:

„Ich kenne euch, ihr seid die Kinder derer, die mir den Boden hier gestohlen haben! Es freut mich zu sehen, wie weit ihr gekommen seid, und ich werde gewiß noch erleben, daß ihr vor mir den Weg alles Fleisches geht! Seht mich nur an, ihr zwei Vögelchen! Gefällt euch meine Nase, wie?"

In der Tat besaß er eine erschreckende Nase, welche wie ein großes Dreieck aus dem schwarzen Gesicht heraussstand. Von den Augen des Kerls war fast nichts als das Weiße zu sehen, da sie unaufhörlich hin und her liefen.

„Seht mich nur an", fuhr er fort, „eure Väter kennen mich wohl, und jedermann in diesem Dorfe weiß, wer ich bin, wenn er nur meine Nase ansieht. Da haben sie vor Jahren ausgeschrieben, daß ein Stück Geld für den *Erben* dieses Ackers bereitliege; ich habe mich zwanzigmal gemeldet, aber ich habe keinen Taufschein und keinen Heimatschein, und meine Freunde, die Heimatlosen, die meine Geburt gesehen, dürfen nicht für mich *zeugen* und so habe ich das Geld nicht bekommen, mit dem ich hätte auswandern können! Ich habe eure Väter so sehr gebeten, daß sie mir bezeugen möchten, sie müßten mich nach ihrem Gewissen für den rechten Erben halten; aber sie haben mich von ihren Höfen gejagt, und nun sind sie selbst zugrunde gegangen! Nun, das ist der Welt Lauf, mir kann's recht sein, ich will euch doch geigen, wenn ihr tanzen wollt!"

Damit sprang er auf der andern Seite von den Steinen hinunter und lief auf das Dorf zu, wo gegen Abend die Ernte eingebracht wurde und die Leute fröhlich waren. Als er verschwunden, ließ sich das Paar ganz mutlos und traurig auf die Steine nieder; sie ließen ihre Hände los und stützten die traurigen Köpfe darauf; denn die Erscheinung des Geigers und seine Worte hatten sie aus der glücklichen Vergessenheit gerissen, in welcher sie wie zwei Kinder auf und ab gegangen, und wie sie nun auf dem harten Grund ihres Elends saßen, verdunkelte sich das heitere Lebenslicht, und ihre Herzen wurden so schwer wie Steine.

Da erinnerte sich Vrenchen plötzlich der sonderbaren Gestalt und der Nase des Geigers, sie mußte plötzlich hell

---

*der Erbe* erhält den Besitz eines Toten
*zeugen* vor Gericht Auskunft geben

auflachen und rief: „Der arme Kerl sieht gar zu spaßhaft aus! Was für eine Nase!", und eine allerliebste sonnenhelle Lustigkeit lief über des Mädchens Gesicht, als ob sie nur darauf gewartet hätte, bis des Geigers Nase die dunklen Wolken wegstieße. Sali sah Vrenchen an und sah diese Fröhlichkeit. Sie hatte die Ursache aber schon wieder vergessen und lachte nur noch auf eigene Rechnung dem Sali ins Gesicht. Dieser, ganz überrascht, sah mit lachendem Munde auf die Augen, gleich einem Hungrigen, der ein süßes Brot erblickt, und rief: „Bei Gott, Vreeli! Wie schön bist du!"

Vrenchen lachte ihn nur noch mehr an und nahm Salis Hand. „Ach, du lieber Gott! Wie lange hätte ich gern einmal gelacht! Ich habe wohl manchmal, wenn ich ganz allein war, über irgend etwas lachen müssen, aber es war nichts Rechts dabei; jetzt aber möchte ich dich immer und ewig anlachen, wenn ich dich sehe, und ich möchte dich wohl immer und ewig sehen! Bist du mir auch ein bißchen gut?" –

„O Vreeli!" sagte er und sah ihr treuherzig in die Augen. „Ich habe noch nie ein Mädchen angesehen, es war mir immer, als ob ich dich einst liebhaben müßte, und ohne daß ich wollte oder wußte, hast du mir doch immer im Sinn gelegen!" –

„Und du mir auch", sagte Vrenchen, „und das noch viel mehr; denn du hast mich nie angesehen und wußtest nicht, wie ich geworden bin; ich aber habe dich manchmal aus der Ferne recht gut betrachtet und wußte immer, wie du aussiehst! Weißt du noch, wie oft wir als Kinder hierhergekommen sind? Denkst du noch an den kleinen Wagen? Wie kleine Leute sind wir damals gewesen!"

„Wie alt bist du jetzt?“ fragte Sali voll Vergnügen und Zufriedenheit. „Du mußt ungefähr siebzehn sein?“ –

„Siebzehn und ein halbes Jahr bin ich alt!“ erwiderte Vrenchen. „Und wie alt bist du? Ich weiß aber schon, du bist bald zwanzig?“ –

„Woher weißt du das?“ fragte Sali.

„Ha, wenn ich es sagen wollte!“ –

„Du willst es nicht sagen?“ –

„Nein!“ –

„Gewiß nicht?“ –

„Nein, nein!“ –

„Du sollst das sagen!“ –

„Willst du mich etwa zwingen?“ –

„Das wollen wir sehen!“

Diese Art Reden führte Sali, um seine Hände zu beschäftigen und das schöne Mädchen zu bedrängen, bis es ihm gelang, Vrenchens Hände zu bezwingen und sie in die Mohnblumen zu drücken. Da lag sie nun in der Sonne; ihre Wangen leuchteten wie Purpur, und ihr Mund war halb geöffnet und ließ zwei Reihen weiße Zähne durchscheinen. Sali wußte sich nicht zu lassen vor Freuden, das schöne Mädchen so vor sich zu sehen, es sein eigen zu wissen. „Alle deine weißen Zähne hast du noch!“ lachte er. „Weißt du noch, wie oft wir sie einst gezählt haben? Kannst du jetzt zählen?“ – „Das sind ja nicht die gleichen, du Kind!“ sagte Vrenchen. „Jene sind längst ausgefallen!“ Sali wollte nun jenes Spiel wiederholen und die glänzenden Zähne zählen; aber Vrenchen schloß plötzlich den roten Mund, richtete sich auf und begann einen *Kranz* von Mohnblumen zu winden, den sie sich auf den Kopf setzte. Der Kranz war voll und breit und gab dem bräunlichen

*Kranz*

Mädchen ein phantastisches Aussehen, und der arme Sali hielt in seinem Arm, was reiche Leute teuer bezahlt hätten, wenn sie es nur gemalt an ihren Wänden hätten sehen können. Jetzt sprang sie aber empor und rief: „Himmel, wie heiß ist es hier! Da sitzen wir wie die Narren und lassen uns verbrennen! Komm, mein Lieber! Laß uns im hohen Korn sitzen!“ Sie gingen hinein und bauten sich einen engen Raum in den goldenen *Ähren*, die ihnen hoch über den Kopf wuchsen, als sie drin saßen, so daß sie nur den tiefblauen Himmel über sich sahen und sonst nichts von der Welt. Sie umarmten sich und küßten sich so lange, bis sie nicht mehr konnten.

*Ähren*

Vrenchen sagte: „Dies ist also eine klare Sache, daß jedes von uns einen *Schatz* hat, ist es nicht so?“ –

„Ja“, sagte Sali, „es scheint mir auch so!“ –

„Wie gefällt dir denn dein Schätzchen“, sagte Vrenchen, „was ist es für ein Ding, was hast du von ihm zu berichten?“ –

„Es ist ein feines Ding“, sagte Sali, „es hat zwei braune Augen, einen roten Mund und läuft auf zwei Füßen; aber seinen Sinn kenn' ich weniger als den *Papst* zu Rom! Und was kannst du von deinem Schatz berichten?“ –

*Papst*

„Er hat zwei blaue Augen, einen nichtsnutzigen Mund und braucht zwei starke Arme; aber seine Gedanken sind mir unbekannter als der Kaiser von Japan.“ –

„Es ist eigentlich wahr“, sagte Sali, „daß wir uns weniger kennen, als wenn wir uns nie gesehen hätten, so fremd hat uns die lange Zeit gemacht, seit wir groß geworden

---

*der Schatz* Geliebter, Geliebte
*der Papst* der Heilige Vater

sind! Was ist alles vorgegangen in deinem Köpfchen, mein liebes Kind?" –

„Ach, nicht viel! – Das kannst du ja nach und nach erfahren, wenn du mich recht lieb hast!" –

„Wenn du einst meine Frau bist?"

Vrenchen zitterte leis bei diesem letzten Worte und drängte sich tiefer in Salis Arme, ihn von neuem lange und liebevoll küssend. Es traten ihr dabei Tränen in die Augen, und beide wurden auf einmal traurig, da ihnen ihre hoffnungsarme Zukunft in den Sinn kam und die Feindschaft ihrer Eltern. Vrenchen seufzte und sagte: „Komm, ich muß nun gehen!"

Und so standen sie auf und gingen Hand in Hand aus dem Kornfeld, als sie Vrenchens Vater plötzlich vor sich sahen. Dieser hatte, als er dem Sali begegnet, neugierig nachgedacht, was der wohl allein im Dorfe zu suchen ginge, und sich des gestrigen Ereignisses erinnernd, kam er, immer nach der Stadt zu gehend, endlich auf den richtigen Gedanken, rein aus Bosheit. Kaum war das der Fall, als er mitten in den Straßen von Seldwyla umkehrte und wieder in das Dorf zurückging, wo er seine Tochter in Haus und Hof vergeblich suchte. Mit wachsender Neugier rannte er auf den Acker hinaus, und als er da Vrenchens *Korb* liegen sah, in welchem sie die Früchte zu holen pflegte, das Mädchen selbst aber nirgends fand, suchte er eben am Korne des Nachbarn herum, als die erschrockenen Kinder herauskamen.

*Korb*

Sie standen wie zu Stein geworden, und Marti stand erst auch da und sah sie an mit bösen Blicken; dann fing er fürchterlich an zu schelten und faßte zugleich wütend nach dem jungen Burschen, um ihn zu schlagen; Sali floh einige

Schritte zurück, erschreckt über den wilden Mann, sprang aber sogleich wieder zu, als er sah, daß der Alte nun das zitternde Mädchen faßte, ihr eine Ohrfeige gab, daß der rote Kranz herunterflog, und ihre Haare ergriff, um sie mit sich fortzureißen und zu schlagen. Ohne zu denken, nahm er einen Stein auf und schlug mit diesem den Alten gegen den Kopf, halb in Angst um Vrenchen und halb in Wut. Marti schwankte erst ein wenig, sank dann bewußtlos auf den Steinhaufen nieder und zog das aufschreiende Vrenchen mit. Sali befreite noch dessen Haar aus der Hand des Bewußtlosen und half ihr auf; dann stand er da wie eine Statue, ratlos und gedankenlos. Das Mädchen, als sie den wie tot daliegenden Vater sah, fuhr sich mit den Händen über das bleiche Gesicht, schüttelte sich und sagte: „Hast du ihn getötet?“

Sali senkte den Kopf, und Vrenchen schrie: „O Gott, du lieber Gott! Es ist mein Vater! Der arme Mann!“

Und sie warf sich über ihn und hob seinen Kopf auf, an welchem aber kein Blut floß. Sie ließ ihn wieder sinken; Sali ließ sich auf der andern Seite des Mannes nieder, und beide sahen, still wie der Tod und ohne Bewegung, in das leblose Gesicht. Um nur etwas anzufangen, sagte endlich Sali: „Er wird doch nicht gleich tot sein müssen? Das ist gar nicht sicher!“ Vrenchen riß ein Blatt von einer Mohnblume ab und legte es auf die bleichen Lippen, und es bewegte sich schwach.

„Er atmet noch“, rief sie, „so lauf doch ins Dorf und hol Hilfe.“ Als Sali aufsprang und laufen wollte, streckte sie die Hand aus und rief ihm zurück: „Komm aber nicht mit zurück und sage nichts, wie es passiert ist, ich werde auch schweigen, man soll nichts aus mir herausbringen!“ sagte sie, und ihr Gesicht, das sie dem armen ratlosen Burschen zuwandte, überfloß von schmerzlichen Tränen. „Komm, küß mich noch einmal! Nein, geh fort! Es ist aus, es ist für immer aus, wir können nicht zusammenkommen!"

Sie stieß ihn fort, und er lief willenlos dem Dorfe zu. Er begegnete einem Kind, das ihn nicht kannte; dieses bat er, die nächsten Leute zu holen, und sagte ihm genau, wo die Hilfe nötig sei. Dann lief er unglücklich fort, die ganze Nacht im Wald herum. Am Morgen ging er in die Felder, um zu hören, wie es gegangen sei. Er hörte von frühen Leuten, welche miteinander sprachen, daß Marti noch lebe, aber nichts von sich wisse, und wie das eine seltsame Sache wäre, da kein Mensch wisse, was ihm geschehen. Erst jetzt ging er in die Stadt zurück und verbarg sich in dem dunklen Elend des Hauses.

*Fragen*

1. In was für einem Zustand waren Martis Haus und Hof?
2. Was taten Sali und Vrenchen nach ihrem Treffen auf dem Felde? Was erinnert dabei an den Anfang der Geschichte?
3. Aus welchen Worten des Geigers können Sie entnehmen, daß die Geschichte kein glückliches Ende haben wird?
4. Warum ist Marti so früh aus der Stadt zurückgekommen?
5. Wie kam es, daß Sali Vrenchens Vater schlug?

5

Vrenchen hielt ihm Wort; es war nichts aus ihr herauszufragen, als daß sie selbst den Vater so gefunden habe. Da er am andern Tage sich wieder bewegte und atmete, freilich ohne Bewußtsein, und außerdem kein Kläger da war, so glaubte man, er habe zu viel getrunken und sei auf die Steine gefallen, und ließ die Sache ruhen. Vrenchen pflegte ihn und ging nicht von seiner Seite, außer um die *Arzneimittel* zu holen beim Doktor und etwa für sich selbst eine schlechte Suppe zu kochen; denn sie lebte beinahe von nichts, obgleich sie Tag und Nacht wach sein mußte und niemand ihr half. Es dauerte beinahe sechs Wochen, bis der Kranke langsam zu seinem Bewußtsein kam, obgleich er vorher schon wieder aß und in seinem Bette ziemlich lebhaft war. Aber es war nicht das alte Bewußtsein, das er jetzt hatte, sondern es zeigte sich immer deutlicher, je mehr er sprach, daß er *blödsinnig* geworden, und zwar auf die sonderbarste Weise. Er erinnerte sich nur dunkel an das Geschehene und wie an etwas sehr Lustiges, was ihn nicht weiter berühre, lachte immer wie ein Narr und war guter Laune. Noch im Bette liegend, brachte er hundert närrische, sinnlose Reden und Ideen heraus und zog sich die schwarzwollene Mütze in die Augen und über die Nase herunter. Das bleiche Vrenchen hörte ihm geduldig zu, Tränen vergießend über das närrische Wesen, welches die arme Tochter noch mehr ängstigte als die frühere Bosheit; aber wenn der Alte zuweilen etwas gar zu Komisches tat, so mußte sie mitten in ihrer Not laut auflachen, worauf

*Arzneimittel*

---

*blödsinnig* verrückt

dann eine um so tiefere Traurigkeit folgte. Als der Alte aber aufstehen konnte, war gar nichts mehr mit ihm anzufangen; er machte nichts als Dummheiten, lachte und lief um das Haus herum, setzte sich in die Sonne und streckte die Zunge heraus oder hielt lange Reden in die Bohnen hinein.

Um die gleiche Zeit aber war es auch aus mit den wenigen Resten seines früheren Besitzes und die Unordnung so weit gewachsen, daß auch sein Haus und der letzte Acker nun gerichtlich verkauft wurden. Denn der Bauer, welcher die zwei Äcker des Manz gekauft, benutzte Martis Krankheit und führte den alten Streit wegen dem streitigen Stückchen Land kurz entschlossen zu Ende. Marti verlor den Prozeß, merkte aber nichts davon! Die Versteigerung fand statt; Marti wurde in ein Heim für solche armen Narren auf öffentliche Kosten untergebracht. Dieses Heim befand sich in der Hauptstadt des Ländchens; der gesunde und eßlustige Blödsinnige wurde auf einen von Ochsen gezogenen Wagen geladen, das ein ärmlicher Bauersmann nach der Stadt führte, um zugleich einen oder zwei Säcke Kartoffeln zu verkaufen, und Vrenchen setzte sich zu dem Vater auf den Wagen, um ihn auf diesem letzten Gang zu begleiten.

Es war eine traurige und bittere Fahrt, aber Vrenchen sorgte gut für ihren Vater und ließ es ihm an nichts fehlen, und sie sah sich nicht um und wurde nicht ungeduldig, wenn durch das Benehmen des Unglücklichen die Leute aufmerksam wurden und dem Wägelchen nachliefen, wo sie durchfuhren. Endlich erreichten sie das große Gebäude in der Stadt, wo die langen Gänge, die Höfe und ein freundlicher Garten von einer Menge ähnlicher Narren be-

lebt waren, die alle in weiße Anzüge gekleidet waren und dauerhafte Ledermützen auf den harten Köpfen trugen. Auch Marti wurde noch vor Vrenchens Augen so gekleidet, und er freute sich wie ein Kind darüber und tanzte singend umher.

„Gott grüß euch, ihr geehrten Herren!" rief er seine neuen Gefährten an. „Ein schönes Haus habt ihr hier! Geh heim, Vrenggel, und sag der Mutter, ich komme nicht mehr nach Haus, hier gefällts mir bei Gott! Juchhei! Gehst du schon, Vreeli? Du siehst ja aus wie der Tod und dabei geht es mir doch so erfreulich!"

Man führte ihn zu einer leichten Arbeit, und Vrenchen ging zu dem Wagen zurück. Sie setzte sich darauf, zog ein Stückchen Brot hervor und aß es, dann schlief sie ein, bis der Bauer kam und mit ihr nach dem Dorfe zurückfuhr.

Sie kamen erst in der Nacht an. Vrenchen ging nach dem Hause, in dem sie geboren war und noch zwei Tage bleiben durfte, und sie war jetzt zum erstenmal in ihrem Leben ganz allein darin. Sie machte ein Feuer, um das letzte Restchen Kaffee zu kochen, das sie noch besaß, und setzte sich auf den Herd, denn es war ihr gar nicht wohl. Sie *sehnte sich* schrecklich, den Sali nur ein einziges Mal zu sehen, und dachte immerzu an ihn; aber die Sorgen und die Not verbitterten ihre Sehnsucht, und diese machte die Sorgen wieder viel schwerer. So saß sie und stützte den Kopf in die Hände, als jemand durch die offenstehende Tür hereinkam.

„Sali!" rief Vrenchen, als sie aufsah, und fiel ihm um den Hals; dann sahen sich aber beide erschrocken an und riefen: „Wie siehst du elend aus!" Denn Sali sah nicht weniger als Vrenchen bleich und krank aus. Alles vergessend zog sie ihn zu sich auf den Herd und sagte:

„Bist du krank gewesen, oder ist es dir auch so schlimm gegangen?"

Sali antwortete: „Nein, ich bin gerade nicht krank, außer vor Sehnsucht nach dir! Bei uns geht es jetzt wieder hoch und herrlich zu; der Vater hat allerlei schlechte Leute um sich und soviel ich merke, ist er ein *Diebshehler* geworden. Deshalb ist jetzt im Augenblick kein Mangel in unserer Kneipe, solang es geht und bis es ein Ende mit Schrecken nimmt. Die Mutter hilft dazu, nur um etwas Geld im Hause zu sehen, und glaubt das Unrecht noch durch eine gewisse Ordnung annehmbar und nützlich zu machen! Mich fragt man nicht, und ich konnte nicht viel dagegen tun; denn ich kann nur an dich denken Tag und Nacht. Da

---

*sich sehnen* stark nach etw verlangen, etw herbeiwünschen
*der Diebshehler* kauft und verkauft gestohlene Dinge

jetzt allerlei Leute zu uns kommen, so haben wir alle Tage gehört, was bei euch los ist, worüber mein Vater sich freut wie ein kleines Kind. Daß dein Vater heute ins Heim gebracht wurde, haben wir auch gehört, ich habe gedacht, du werdest jetzt allein sein, und bin gekommen, um dich zu sehen!"

Vrenchen klagte ihm jetzt auch alles, was sie drückte und was sie gelitten, aber mit so leichter Zunge, als ob sie ein großes Glück erzählte, weil sie glücklich war, Sali neben sich zu sehen. Sie brachte inzwischen eine Tasse voll warmen Kaffees zusammen, welchen mit ihr zu teilen sie den Geliebten zwang.

„Also übermorgen mußt du hier weg?" sagte Sali. „Was soll denn um Himmels willen werden?" –

„Das weiß ich nicht", sagte Vrenchen, „ich werde dienen müssen und in die Welt hinaus! Ich werde es aber nicht aushalten ohne dich, und doch kann ich dich nie bekommen, auch wenn alles andere nicht wäre, bloß weil du meinen Vater geschlagen und ihm den Verstand genommen hast! Dies würde immer ein schlechter Grundstein unserer Ehe sein und wir beide nie sorglos werden, nie!"

Sali seufzte und sagte: „Ich wollte auch schon hundertmal Soldat werden oder in einer fremden Gegend als Knecht anfangen, aber ich kann noch nicht fortgehen, solange du hier bist. Ich glaube, das Elend macht meine Liebe zu dir stärker und schmerzhafter, so daß es um Leben und Tod geht! Ich habe das nicht gewußt!"

Vrenchen sah ihn liebevoll lächelnd an; sie *lehnten* sich an die Wand *zurück* und sprachen nichts mehr, sondern gaben

---

*sich zurücklehnen* sich nach hinten wenden, um Halt zu finden sich schweigend der glückseligen Empfindung hin, die über allen Schmerz hinaus ging, daß sie sich im größten Ernste gut wären und geliebt wüßten. Darüber schliefen sie friedlich ein auf dem unbequemen Herde und schliefen so still und ruhig wie zwei Kinder. Schon wurde es Morgen, als Sali zuerst wach wurde; er weckte Vrenchen, so zart er konnte; aber sie drängte sich immer wieder an ihn, schlaftrunken, und wollte nicht wach werden. Da küßte er sie heftig auf den Mund, und Vrenchen fuhr hoch, machte die Augen weit auf, und als sie Sali sah, rief sie:

„Herrgott! Ich habe eben noch von dir geträumt! Es träumte mir, wir tanzten miteinander auf unserer *Hochzeit*, lange, lange Stunden! Und waren so glücklich, sauber gekleidet, und es fehlte uns an nichts. Da wollten wir uns endlich küssen und sehnten uns danach, aber immer zog uns etwas auseinander, und nun bist du es selbst gewesen, der uns gestört und gehindert hat! Aber wie gut, daß du gleich da bist!"

Sie fiel ihm um den Hals und küßte ihn, als ob es kein Ende nehmen sollte.

„Und was hast du denn geträumt?" fragte sie.

„Mir träumte, ich ginge endlos auf einer langen Straße durch einen Wald und du in der Ferne immer vor mir her; manchmal sahest du nach mir um und lachtest, und dann war ich wie im Himmel. Das ist alles!"

Sie traten unter die offengebliebene Küchentüre, die ins Freie führte, und mußten lachen, als sie sich ins Gesicht sahen. Denn die rechte Wange Vrenchens und die linke Salis, welche im Schlaf aneinander gelehnt hatten, waren

---

*die Hochzeit* Fest der Eheschließung

von dem Druck ganz rot gefärbt, während die andere durch die kühle Nachtluft noch bleicher geworden war. Sie rieben sich zärtlich die kalte bleiche Seite ihrer Gesichter, um sie auch rot zu machen; die frische Morgenluft, der stille Frieden, der über der Gegend lag, das junge Morgenrot machten sie fröhlich und selbstvergessen, und besonders in Vrenchen schien ein freundlicher Geist der Sorglosigkeit gefahren zu sein.

„Morgen abend muß ich also aus diesem Hause fort“, sagte sie, „und ein anderes Dach suchen. Vorher aber möchte ich einmal, nur einmal recht lustig sein, und zwar mit dir; ich möchte recht herzlich und fleißig mit dir tanzen irgendwo, denn das Tanzen aus dem Traume liegt mir immerfort im Sinn!“ –

„Jedenfalls will ich dabeisein und sehen, wo du bleibst“, sagte Sali, „und tanzen möchte ich auch gerne mit dir, du liebes Kind – aber wo?“

„Es ist morgen *Kirchweih* an zwei Orten nicht sehr weit von hier“, erwiderte Vrenchen, „da kennt man uns weniger; draußen am Wasser will ich auf dich warten, und dann können wir gehen, wohin es uns gefällt, um uns lustig zu machen, einmal nur! Aber jeh!, wir haben ja gar kein Geld!“ fügte sie traurig hinzu, „da kann nichts daraus werden!“ –

„Laß nur“, sagte Sali, „ich will schon etwas mitbringen!“ – „Doch nicht von deinem Vater, von – von dem Gestohlenen?“ – „Nein, sei nur ruhig! Ich habe noch meine silberne Uhr behalten bis dahin, die will ich verkaufen.“ –

---

*die Kirchweih* Volksfest auf einem Dorf

„Ich will nichts dagegen sagen", meinte Vrenchen errötend, „denn ich glaube, ich müßte sterben, wenn ich nicht morgen mit dir tanzen könnte." –

„Es wäre das beste, wir beide könnten sterben!" sagte Sali; sie umarmten sich schmerzlich zum Abschied, und als sie voneinander ließen, lachten sie sich noch freundlich an in der sicheren Hoffnung auf den nächsten Tag.

„Aber wann willst du kommen?" rief Vrenchen noch.

„Spätestens um elf Uhr mittags", erwiderte er, „wir wollen recht ordentlich zusammen mittagessen" –

„Gut, gut! Komm lieber um halb elf schon!"

Doch als Sali schon im Gehen war, rief sie ihn noch einmal zurück und zeigte ein plötzlich sorgenvolles Gesicht.

„Es wird doch nichts daraus", sagte sie bitterlich weinend, „ich habe keine Sonntagsschuhe mehr. Schon gestern habe ich diese dicken hier anziehen müssen, um nach der Stadt zu kommen! Ich weiß nicht woher Schuhe nehmen!"

Sali stand ratlos. „Keine Schuhe!" sagte er. „Da mußt du eben in diesen kommen!" –

„Nein, nein, in denen kann ich nicht tanzen!" –

„Nun, so müssen wir welche kaufen!" –

„Wo, mit was?" –

„Ei, in Seldwyl, da gibt es Schuhläden genug! Geld werde ich in weniger als zwei Stunden haben." –

„Aber ich kann doch nicht mit dir in Seldwyl herumgehen, und dann wird das Geld nicht reichen, auch noch Schuhe zu kaufen!" –

„Es muß! Und ich will die Schuhe kaufen und morgen mitbringen!" –

„O du Närrchen, sie werden ja nicht passen, die du kaufst!" –

„So gib mir einen alten Schuh mit, oder halt, noch besser, ich will dir das Maß nehmen, das wird doch so schwierig nicht sein!" –

„Das Maß nehmen? Wirklich, daran hab' ich nicht gedacht! Komm, komm, ich will dir ein Schnürchen suchen!"

Sie setzte sich wieder auf den Herd, zog den Rock etwas zurück und zog den Schuh vom Fuße, der noch von der gestrigen Reise her mit einem weißen Strumpfe bekleidet war. Sali kniete nieder und nahm, so gut er konnte mit der Schnur das Maß.

„Du Schuhmacher!" sagte Vrenchen und lachte errötend und freundschaftlich zu ihm nieder. Sali wurde aber auch rot, und hielt den Fuß fest in seinen Händen, länger als nötig war, so daß Vrenchen ihn noch tiefer errötend zurückzog, den verwirrten Sali noch einmal heftig küßte, dann aber fortschickte.

Kette

Sobald er in der Stadt war, trug er seine Uhr zu einem Uhrmacher, der ihm sechs oder sieben *Gulden* dafür gab; für die silberne *Kette* bekam er auch einige Gulden, und er glaubte sich nun reich genug, denn er hatte, seit er groß war, nie so viel Geld besessen auf einmal. Wenn nur erst der Tag vorüber und der Sonntag angebrochen wäre, um das Glück damit zu kaufen, das er sich von dem Tage versprach, dachte er; denn wenn das Übermorgen auch um so dunkler und unbekannter hereindrohte, so gewann das Vergnügen von morgen nur einen stärkeren Glanz und Schein. Er suchte ein Paar Schuhe für Vrenchen, und dies war ihm das vergnügteste Geschäft, das er je betrieben hatte. Er ging von einem Schuhmacher zum andern, ließ sich alle Damenschuhe zeigen, die da waren, und endlich kaufte er ein leichtes und feines Paar ein, so hübsch, wie sie Vrenchen noch nie getragen. Er verbarg die Schuhe unter seiner Jacke und tat sie die übrige Zeit des Tages nicht mehr von sich; er nahm sie sogar mit ins Bett. Da er das Mädchen heute früh noch gesehen und morgen wieder sehen sollte, so schlief er fest und ruhig, war aber in aller Frühe wach und begann sein bißchen Sonntagskleidung zurechtzumachen, so gut es gelingen wollte. Es fiel seiner Mutter auf, und sie fragte erstaunt, was er plane, da er sich schon lange nicht mehr so sorgfältig angezogen. Er wolle einmal über Land gehen, erwiderte er, er werde sonst krank in diesem Hause.

„Hast du Geld zum Spazierengehen? Woher hast du es? fragte der Vater.

„Ich brauche keines!“ sagte Sali.

---

*der Gulden* altes Geldstück

„Da hast du einen Gulden!" sagte der Alte und warf ihm einen hin. „Du kannst im Dorf ins Wirtshaus gehen, damit sie nicht glauben, wir seien hier so übel dran." –

„Ich will nicht ins Dorf und brauche den Gulden nicht, behaltet ihn nur!" –

„Dann eben nicht, du Dummkopf!" rief Manz und schob seinen Gulden wieder in die Tasche. Seine Frau aber, welche nicht wußte, warum sie heute ihres Sohnes wegen so bewegt war, brachte ihm ein großes schwarzes Mailänder Halstuch mit rotem Rande, das sie nur selten getragen und er schon früher gern gehabt hätte. Er tat es um den Hals und ließ die langen Enden fliegen. Dann machte er sich, seine Schuhe in der Brusttasche des Rockes, schon nach sieben Uhr auf den Weg. Als er das Haus verließ, drängte ihn ein seltsames Gefühl, Vater und Mutter die Hand zu geben, und auf der Straße sah er sich noch einmal nach dem Hause um.

„Ich glaube am Ende", sagte Manz, „der Bursche geht irgendeinem Mädchen nach; das hätten wir gerade noch nötig!"

Die Frau sagte: „O wollte Gott, daß er vielleicht sein Glück machte! Das täte dem armen Jungen gut!" –

Sali ging erst nach dem Flusse, wo er Vrenchen erwarten wollte; aber unterwegs änderte er seine Absicht und ging geradezu ins Dorf, um Vrenchen im Hause selbst abzuholen, weil es ihm zu lang dauerte bis halb elf.

„Warum nicht?" dachte er. „Niemand hilft uns, und ich fürchte niemand!" –

So trat er unerwartet in Vrenchens Haus, und ebenso unerwartet fand er sie schon vollkommen angekleidet und geschmückt dasitzen und warten, bis sie gehen könnte, nur

Löckchen

die Schuhe fehlten ihr noch. Aber Sali stand mit offenem Munde still, als er das Mädchen erblickte, so schön sah sie aus. Sie hatte nur ein einfaches blaues Kleid an, aber dieses war frisch und sauber und saß ihr sehr gut um den gut gewachsenen Leib. Darüber trug sie ein schneeweißes Halstuch aus feinem Stoff, und dies war alles. Das braune Haar war sehr wohl geordnet und die sonst so wilden *Löckchen* lagen nun fein und hübsch um den Kopf; da Vrenchen seit vielen Wochen fast nicht aus dem Hause gekommen, so war ihre Farbe zarter und durchsichtiger geworden, so wie auch von den Sorgen; aber in diese Durchsichtigkeit goß jetzt die Liebe und die Freude ein Rot um das andere, und an der Brust trug sie einen schönen bunten Blumenstrauß. Sie saß am offenen Fenster und atmete still die frische Morgenluft; wie sie aber Sali erscheinen sah, streckte sie ihm beide Arme entgegen und rief:

„Wie recht hast du, daß du schon jetzt und hierherkommst! Aber hast du mir Schuhe gebracht? Gewiß? Nun steh' ich nicht auf, bis ich sie anhabe! “

Er zog die gewünschten aus der Tasche und gab sie dem schönen Mädchen; sie warf die alten von sich, fuhr in die neuen, und sie paßten sehr gut. Erst jetzt stand sie auf, drehte sich in den neuen Schuhen und ging eifrig einige Male auf und ab. Sie zog das lange blaue Kleid etwas zurück und besah zufrieden die roten Bänder, welche die Schuhe schmückten, während Sali unaufhörlich die feine anmutige Gestalt betrachtete, welche da vor ihm sich regte und freute.

„Du betrachtest meinen Strauß?“ sagte Vrenchen. „Hab' ich nicht einen schönen zusammengebracht? Du mußt wissen, dies sind die letzten Blumen, die ich noch gefunden.

Nun ist es aber Zeit, daß ich fortkomme, nicht ein Blümchen mehr im Garten und das Haus auch leer!"

Sali sah sich um und bemerkte jetzt, daß fast alles Bewegliche, was noch dagewesen, weggebracht war. „Du armes Vreeli!" sagte er. „Haben sie dir schon alles weggenommen?" –

„Gestern", erwiderte sie, „haben sie weggeholt, was sich von der Stelle bewegen ließ, und mir kaum mehr mein Bett gelassen. Ich hab's aber auch gleich verkauft und hab' jetzt auch Geld, sieh!" Sie holte einige neu glänzende Gulden aus der Tasche ihres Kleides und zeigte sie ihm. „Damit", fuhr sie fort, „sagte man mir, solle ich mir eine Arbeit suchen in einer Stadt und ich solle mich heute gleich auf den Weg machen!" –

„Da ist aber auch gar nichts mehr da", sagte Sali, nachdem er in die Küche geguckt hatte, „ich sehe kein Hölzchen, kein Töpfchen, kein Messer! Hast du denn auch nicht gefrühstückt?" –

„Nichts!" sagte Vrenchen. „Ich hätte mir etwas holen können, aber ich dachte, ich wolle lieber hungrig bleiben, damit ich recht viel essen könne mit dir zusammen, denn ich freue mich so sehr darauf, du glaubst nicht, wie ich mich freue!"

„So komm, jetzt wollen wir gehen! Schließ das Haus zu!"

„Wem willst du denn den Schlüssel übergeben?" –

Vrenchen sah sich um. „Hier an die Tür wollen wir ihn hängen."

Sie hingen den alten Hausschlüssel an einen Nagel neben der Tür und gingen davon. Vrenchen wurde aber bleicher und bedeckte ein Weilchen die Augen, so daß Sali sie führen mußte, bis sie ein Dutzend Schritte entfernt waren. Sie sah aber nicht zurück.

„Wo gehen wir nun zuerst hin?" fragte sie.

„Wir wollen ordentlich über Land gehen", erwiderte Sali, „wo es uns freut den ganzen Tag, uns nicht eilen, und gegen Abend werden wir dann schon einen Tanzplatz finden!" –

„Gut!" sagte Vrenchen. „Den ganzen Tag werden wir beisammen sein und gehen, wo wir Lust haben. Jetzt ist mir aber nicht gut, wir wollen gleich im andern Dorf einen Kaffee trinken!" –

„Gewiß!" sagte Sali. „Mach nur, daß wir aus diesem Dorf wegkommen!"

## *Fragen*

1. Warum mußte Marti in ein Heim gebracht werden? Wie gefiel es ihm da?
2. Was träumen Vrenchen und Sali? Wie zeigt sich ihre wirkliche Lage in diesen Träumen?
3. Wie wollen Vrenchen und Sali den letzten Tag, bevor Vrenchen weggehen muß, verbringen?
4. Was ist ungewöhnlich an Salis Benehmen, als er sich von seinen Eltern verabschiedet und das Haus verläßt? Können Sie das erklären?
5. Was machte Vrenchen, als Sali ankam, um sie abzuholen? Wie sah sie aus?

# 6

Bald waren sie auch im freien Felde und gingen still nebeneinander durch die Felder; es war ein schöner Sonntagmorgen im September, keine Wolke stand am Himmel, die Höhen und die Wälder waren mit einem zarten Nebel bekleidet, welcher die Gegend geheimnisvoller machte, und von allen Seiten tönten die *Kirchenglocken* herüber. Das liebende Paar vergaß, was am Ende dieses Tages werden sollte, und gab sich nur der wortlosen Freude hin, sauber gekleidet und frei, wie zwei Glückliche, die sich von Rechts wegen gehörten, in den Sonntag hineinzuspazieren. Jeder Ton oder ferne Ruf in der Sonntagsstille klang ihnen durch die Seele. Obgleich sie hungrig waren, schien ihnen die halbe Stunde Weges bis zum nächsten Dorfe ganz kurz zu sein, und sie betraten nur langsam das Gasthaus am Eingang des Ortes. Sali bestellte ein gutes Frühstück, und während es bereitet wurde, sahen sie mäuschenstill der sichern und freundlichen Arbeit in der großen sauberen Gaststube zu.

*Kirchenglocken*

Der Wirt war zugleich ein Bäcker, das eben Gebackene roch angenehm durch das ganze Haus, und Brot aller Art wurde herbeigetragen, da nach der Kirche die Leute hier ihr Weißbrot holten oder ihr Glas Wein tranken. Die Wirtin, eine hübsche und saubere Frau, kleidete ruhig und freundlich ihre Kinder an, und sowie eines fertig war, kam es zu Vrenchen gelaufen, zeigte ihr seine Herrlichkeiten und erzählte von allem, woran es sich freute. Als nun der heiße Kaffee kam, setzten sich die zwei Leutchen an den Tisch, als ob sie da zu Gast gebeten wären; ach wie schmeckte dem aufblühenden Vrenchen der gute, starke

Kaffee, die frischen, noch warmen Brötchen, die schöne Butter und der Honig, der Eierkuchen, und was alles noch Gutes da war! Sie schmeckten ihr, weil sie den Sali dazu ansah, und sie aß so vergnügt, als ob sie ein Jahr lang nichts gegessen hätte. Dazu freute sie sich über die feinen Teller und Tassen, über die silbernen Kaffeelöffelchen; denn die Wirtin schien sie für rechtliche junge Leutchen zu halten, die man anständig bedienen müsse, und setzte sich auch ab und zu mit ein paar guten Worten zu ihnen. Als sie genug gefrühstückt hatten, begleiteten sie die Wirtin und der Wirt bis vor das Haus, und das arme junge Blut verabschiedete sich mit den besten Manieren von der Welt.

Auch als sie schon wieder im Freien waren und einen stundenlangen Wald betraten, gingen sie noch still nebeneinanderher, in angenehme Träume versunken, als ob sie nicht aus streit- und elenderfüllten, vernichteten Häusern herkämen, sondern guter Leute Kinder wären. Endlich erwachten sie aus diesen vergeblichen Träumen, sahen sich an und entdeckten, daß sie immer noch in der Haltung gingen, in welcher sie das Gasthaus verlassen, erröteten und ließen traurig die Köpfe hängen. Aber der Wald war grün, der Himmel blau und sie allein in der weiten Welt, und sie überließen sich alsbald wieder diesem Gefühle.

Doch blieben sie nicht lange mehr allein, da die schöne Waldstraße sich belebte mit Gruppen von jungen Leuten sowie mit einzelnen Paaren, welche hier die Zeit nach der Kirche verbrachten. Als Sali und Vrenchen die vielen Spaziergänger sahen, lachten sie und freuten sich, auch gepaart zu sein, hielten sich aber seitwärts auf engeren Waldwegen, wo sie sich in tiefen Einsamkeiten verloren. Sie blieben, wo es sie freute, eilten vorwärts und ruhten wieder, und wie keine Wolke am reinen Himmel stand, verdunkelte auch keine Sorge in diesen Stunden ihre Seele; sie vergaßen, woher sie kamen und wohin sie gingen, und benahmen sich so fein und ordentlich dabei, daß trotz aller frohen Bewegung Vrenchens hübscher einfacher Schmuck so frisch blieb, wie er am Morgen gewesen war. Es war beinahe komisch, wie Sali nur immer sein feines lustiges Vrenchen ansah, voll Liebe, Sorgfalt und Achtung. Denn die armen Leutchen mußten an diesem einen Tage, der ihnen erlaubt war, alle Manieren und Stimmungen der Liebe durchleben.

So liefen sie sich wieder hungrig und waren froh, von der Höhe eines schattenreichen Berges ein glänzendes Dorf vor sich zu sehen, wo sie Mittag halten wollten. Sie stiegen schnell hinunter, betraten dann aber ebenso diesen Ort, wie sie den vorigen verlassen. Es war niemand auf dem Weg, der sie erkannt hätte; denn besonders Vrenchen war die letzten Jahre hindurch gar nicht unter die Leute und noch weniger in andere Dörfer gekommen. Sie gingen ins erste Wirtshaus des Dorfes, wo Sali eine gute Mahlzeit bestellte; ein eigener Tisch wurde ihnen sonntäglich gedeckt. Die Wirtin trat zu ihnen und setzte frische Blumen auf den Tisch.

„Bis die Suppe kommt", sagte sie, „könnt ihr, wenn es euch gefällig ist, inzwischen die Augen satt werden lassen an dem Strauße. Allem Anschein nach, wenn es erlaubt ist zu fragen, seid ihr ein junges *Brautpaar*, das gewiß nach der Stadt geht, um morgen zu heiraten?"

---

*das Brautpaar* steht kurz vor der Ehe

Vrenchen wurde rot und wagte nicht aufzusehen, Sali sagte auch nichts, und die Wirtin führ fort: „Nun, ihr seid freilich beide noch jung, aber jung geheiratet lebt lang, sagt man wohl, und ihr seht wenigstens hübsch und anständig aus und braucht euch nicht zu verbergen. Ordentliche Leute können etwas schaffen, wenn sie so jung zusammenkommen und fleißig und treu sind. Aber das muß man freilich sein, denn die Zeit ist kurz und doch lang, und es kommen viele Tage, viele Tage! Nehmt mir's nicht übel, aber es freut mich, euch anzusehen, so ein schmuckes Pärchen seid ihr!"

Die Kellnerin brachte die Suppe, und da sie einen Teil dieser Worte noch gehört und lieber selbst geheiratet hätte, so sah sie Vrenchen mit neidischen Augen an.

So genoß Vrenchen alle Freude einer Braut, die zur Hochzeit reist: die wohlwollenden Reden einer sehr vernünftigen Frau, den Neid einer heiratslustigen bösen Person und ein gutes Mittagessen an der Seite ihres Geliebten. Sie glühte im Gesicht wie eine rote Rose, das Herz klopfte ihr, aber sie aß und trank trotzdem mit gutem Appetit und war mit der Kellnerin nur um so freundlicher, konnte es aber nicht lassen, dabei den Sali zärtlich anzusehen. Sie aßen gemütlich am Tische. Die Wirtin brachte zum Nachtisch süßen Kuchen, und Sali bestellte feineren und stärkeren Wein dazu, welcher Vrenchen feurig durchrollte, als sie ein wenig davon trank; aber sie gab acht, trank nur wenig und saß so zurückhaltend und schamhaft da wie eine wirkliche Braut. Halb spielte sie diese Rolle aus Lust, zu versuchen, wie es sei, halb war es ihr in der Tat so zumut, und vor Angst und heißer Liebe wollte ihr das Herz brechen, so daß es ihr zu eng wurde in den vier Wänden und sie zu gehen verlangte. Sie gingen jetzt auf der Hauptstraße weiter, mitten durch die Leute und sahen weder rechts noch links. Als sie aber aus dem Dorf waren und auf das nächstgelegene zugingen, wo Kirchweih war, hing sich Vrenchen an Salis Arm und sagte zitternd:

„Sali! Warum sollen wir uns nicht haben und glücklich sein!" –

„Ich weiß auch nicht warum!" erwiderte er und hielt seine Augen an den Herbstsonnenschein, der auf den Feldern lag, und er mußte sich zwingen und das Gesicht ganz sonderbar verziehen. Sie standen still, um sich zu küssen; aber es zeigten sich Leute, und sie ließen es und gingen weiter. Das große Dorf, in dem Kirchweih war, belebte sich schon von der Lust des Volkes und aus dem Gasthofe tönte laute Tanzmusik, da die jungen Dörfler bereits zum Mittag den Tanz angefangen, und auf dem Platz vor dem

*Jahrmarkts buden*

Wirtshause war ein kleiner Markt aufgebaut, bestehend aus einigen Tischen mit Süßigkeiten und ein paar *Jahrmarktsbuden*, um welche sich die Kinder drängten.

Sali und Vrenchen traten auch zu den Herrlichkeiten und ließen ihre Augen darüberfliegen; denn beide hatten zugleich die Hand in der Tasche, und jedes wünschte dem anderen etwas zu schenken, da sie zum ersten und einzigen Male miteinander zu Markt waren; Sali kaufte ein großes Haus von *Lebkuchen*, das mit Zuckerguß freundlich geweißt war, mit einem grünen Dach, auf welchem weiße Tauben saßen. Auf der rosenroten Haustür aber waren diese Verse zu lesen:

Tritt in mein Haus, o Liebste!
Doch sei dir *unverhehlt*:
Drin wird allein nach Küssen
Gerechnet und gezählt.

Vrenchen schenkte dagegen Sali ein Herz, auf dessen einer Seite ein Zettelchen klebte mit den Worten:

*Mandelkern*

Ein süßer *Mandelkern* steckt in dem Herze hier,
Doch süßer als der Mandelkern ist meine Liebe zu dir!

Und auf der andern Seite:

Wenn du dies Herz gegessen,
vergiß dies Sprüchlein nicht!
Viel eh'r als meine Liebe
mein braunes Auge bricht!

---

*der Lebkuchen* brauner fester Kuchen
*unverhehlt* offen gesagt

Sie lasen eifrig die Sprüche, und nie ist etwas Gedrucktes schöner gefunden und tiefer empfunden worden als diese Lebkuchensprüche; sie meinten, was sie lasen, sei in besonderer Absicht auf sie gemacht, so gut schien es ihnen zu passen.

„Ach“, sagte Vrenchen, „du schenkst mir ein Haus! Ich habe dir auch eines und erst das wahre geschenkt; denn unser Herz ist jetzt unser Haus, darin wir wohnen, und wir tragen so unsere Wohnung mit uns, wie die *Schnecken*! Andere haben wir nicht!“ –

*Schnecke*

„Dann sind wir aber zwei Schnecken, von denen jede das Häuschen der andern trägt!“ sagte Sali, und Vrenchen erwiderte:

„Desto weniger dürfen wir voneinandergehen, damit jedes seiner Wohnung nah bleibt!“

Sie fuhren fort, diese süße einfache Liebesliteratur zu studieren, die da vor ihnen lag und besonders auf kleine und große Herzen geklebt war. – Während sie aber beide tief im Lesen schienen, nahm jedes die Gelegenheit, einen heimlichen Einkauf zu machen, ohne daß das andere es sah. Sali kaufte für Vrenchen ein vergoldetes Ringelchen mit einem grünen Glasstein und Vrenchen einen Ring von schwarzem Horn, auf welchem ein goldenes *Vergißmeinnicht* eingelegt war. Wahrscheinlich hatten sie die gleichen Gedanken, sich diese armen Zeichen bei der Trennung zu geben.

*Vergiß meinnicht*

Während sie mit diesen Dingen beschäftigt waren, bemerkten sie nicht, wie nach und nach ein weiter Ring sich um sie gebildet hatte von Leuten, die sie aufmerksam und neugierig betrachteten. Denn da viele junge Burschen und Mädchen aus ihrem Dorfe hier waren, so waren sie erkannt worden, und alles stand jetzt in einiger Entfernung um sie herum und sah mit Erstaunen auf das hübsche Paar, welches die Welt um sich her zu vergessen schien.

„Ei seht!“ hieß es. „Das ist ja wirklich das Vrenchen Marti und der Sali aus der Stadt! Die haben sich ja fein gefunden und verbunden! Und welche Liebe und Freundschaft, seht doch, seht! Wo die wohl hinauswollen?“

Das Erstaunen dieser Zuschauer war ganz seltsam gemischt aus Mitleid mit dem Unglück und aus Neid gegen das Glück und die Einigkeit des Paares, welches auf eine ganz ungewöhnliche und fast höhere Weise verliebt war und in dieser rückhaltlosen Hingebung und Selbstvergessenheit dem rohen Völkchen ebenso fremd erschien wie in seiner Verlassenheit und Armut. Als sie daher endlich wach wurden und um sich blickten, sahen sie nichts als staunende Gesichter von allen Seiten; niemand grüßte sie, und sie wußten nicht, sollten sie jemand grüßen. Es wurde Vrenchen angst und heiß, sie wurde bleich und rot, Sali nahm sie aber bei der Hand und führte das arme Kind hinweg, das ihm mit seinem Haus in der Hand gern folgte, obgleich die Trompeten im Wirtshause lustig tönten und Vrenchen so gern tanzen wollte.

„Hier können wir nicht tanzen!“ sagte Sali, als sie sich etwas entfernt hatten. „Wir würden hier wenig Freude haben, wie es scheint!“

„Ja“, sagte Vrenchen traurig, „es wird auch am besten sein, wir lassen es ganz bleiben, und ich sehe, wo ich ein Dach finde!“

„Nein“, rief Sali, „du sollst einmal tanzen, ich habe dir darum Schuhe gebracht! Wir wollen gehen, wo das arme Volk sich lustig macht, zu dem wir jetzt auch gehören, da werden sie nicht auf uns herabsehen; im Paradiesgärtchen wird jedesmal auch getanzt, wenn hier Kirchweih ist, und dorthin wollen wir gehen, dort kannst du zur Not auch über Nacht bleiben."

Vrenchen fuhr zusammen bei dem Gedanken, nun zum erstenmal an einem unbekannten Ort zu schlafen; doch folgte sie willenlos ihrem Führer, der jetzt alles war, was sie in der Welt hatte. Das Paradiesgärtlein war ein schöngelegenes Wirtshaus an einem einsamen Hügel, der weit über das Land wegsah, in welchem aber an solchen Vergnügungstagen nur das ärmere Volk, die Kinder der ganz kleinen Bauern und sogar mancherlei heimatloses Volk aus und ein ging. Als Sali mit Vrenchen daherkam, sahen sie schon von weitem die Paare unter dem offenen Dache sich drehen, und rund um das Haus tranken und lärmten eine Menge lustiger Gäste.

Als Vrenchen die wilde Musik hörte, welche vom Tanzplatz tönte, vergaß sie ihr Leid und verlangte endlich nichts, als mit Sali zu tanzen. Sie drängten sich durch die Gäste, die vor dem Hause saßen und drinnen, arme Leute aus Seldwyla, die eine billige Landfahrt machten, und anderes armes Volk, und stiegen die Treppe hinauf, und sogleich drehten sie sich im Walzer herum, keinen Blick voneinander wendend. Erst als der Walzer zu Ende, sahen sie sich um, Vrenchen hatte sein Haus zerdrückt und zerbrochen und wollte eben traurig darüber werden, als sie noch mehr erschrak über den schwarzen Geiger, in dessen Nähe sie standen. Er saß auf einer Bank, die auf einem Tisch stand, und sah so schwarz aus wie gewöhnlich; nur hatte er heute einen grünen Zweig auf sein Hütchen gesteckt, zu seinen Füßen hatte er eine Flasche Rotwein und

*Buckliger*

*Baßgeige*

ein Glas stehen. Neben ihm saß noch ein schöner, aber trauriger junger Mann mit einem Waldhorn, und ein *Buckliger* stand an einer *Baßgeige.* Sali erschrak auch, als er den Geiger erblickte; dieser grüßte sie aber auf das freundlichste und rief: „Ich habe doch gewußt, daß ich euch noch einmal aufspielen werde! So macht euch nur recht lustig, ihr Schätzchen, und trinkt mit mir!"

Er bot Sali das volle Glas, und Sali trank. Als der Geiger sah, wie erschrocken Vrenchen war, suchte er freundlich mit ihr zu reden und machte einige fast anmutige Scherze, die sie zum Lachen brachten. Sie wurde wieder vergnügt, und nun waren sie froh, hier einen Bekannten zu haben und wie unter dem besonderen Schutze des Geigers zu stehen. Sie tanzten nun ohne Pause, sich und die Welt vergessend in dem Drehen, Singen und Lärmen, welches vom Berge weit in die Gegend hinaustönte. Sie tanzten, bis es dunkelte und der größere Teil der lustigen Gäste sich schwankend und lärmend nach allen Seiten entfernte. Was noch zurückblieb, war das eigentliche Völkchen, welches nirgends zu Hause war und sich zum guten Tag auch noch eine gute Nacht machen wollte. Unter diesen waren einige, welche mit dem Geiger gut bekannt schienen.

Als es ganz dunkel war, wollte der Wirt keine Lichter anzünden, da er behauptete, der Wind lösche sie aus, auch ginge der Vollmond sogleich auf, und für das, was er an diesen Leuten verdiene, sei das Mondlicht gut genug. Diese Erklärung wurde mit großem Wohlgefallen aufgenommen; die ganze Gesellschaft stellte sich an die Fenster und sah dem Aufgange des Mondes entgegen, dessen Röte schon am Horizonte stand; und sobald der Mond aufging und sein Licht durch den Raum warf, tanzten sie im Mondschein weiter. Das seltsame Licht brachte alle einander näher, und so konnten Sali und Vrenchen nicht anders als sich unter die gemeinsame Lust zu mischen und auch mit andern zu tanzen. Aber jedesmal, wenn sie eine kurze Zeit getrennt gewesen, flogen sie zusammen und feierten ein Wiedersehen, als ob sie sich jahrelang gesucht und endlich gefunden. Sali machte ein trauriges Gesicht, wenn er mit einer andern tanzte, und drehte fortwährend das Gesicht nach Vrenchen hin, welche ihn nicht ansah, wenn sie vorübertanzte, glühte wie eine Purpurrose und überglücklich schien, mit wem sie auch tanzte.

„Warum bist du denn so bös, wenn ich mit andern tanze?" fragte sie ihn, als die Musikanten müde waren und aufhörten.

„Ich bin nicht darüber bös, sondern weil ich mit andern tanzen muß! Ich kann kein anderes Mädchen leiden, es ist mir, als wenn ich ein Stück Holz im Arme habe, wenn du es nicht bist! Und du? Wie geht es dir?" –

„Oh, ich bin immer wie im Himmel, wenn ich nur tanze und weiß, daß du in der Nähe bist! Aber ich glaube, ich würde sogleich tot umfallen, wenn du weggingest und mich daließest!"

Sie waren hinabgegangen und standen vor dem Hause; Vrenchen umarmte ihn mit beiden Armen, drückte ihre glühende Wange, die von heißen Tränen feucht war, an sein Gesicht und sagte weinend:

„Wir können nicht zusammen sein, und doch kann ich nicht von dir lassen, nicht einen Augenblick mehr, nicht eine Minute!"

Sali umarmte und drückte das Mädchen heftig an sich und bedeckte es mit Küssen. Seine verwirrten Gedanken suchten nach einem Ausweg, aber er sah keinen. Wenn auch das Elend und die Hoffnungslosigkeit des Augenblicks zu überwinden gewesen wäre, so wäre erst noch Vrenchens Vater dagewesen, welchen er für sein ganzes Leben elend gemacht. Das Gefühl, in der bürgerlichen Welt nur in einer ganz reinen und gewissensruhigen Ehe glücklich sein zu können, war in ihm ebenso lebendig wie in Vrenchen, und in beiden verlassenen Wesen war es die letzte Flamme der Ehre, die in früheren Zeiten in ihren Häusern gebrannt hatte. Diese hatten die sich sicher fühlenden Väter durch ein klein scheinendes Unrecht ausgeblasen und zerstört, als sie so gedankenlos sich den Besitz eines Toten nahmen, ganz gefahrlos, wie sie meinten. Sali und Vrenchen hatten aber noch die Ehre ihres Hauses gesehen in zarten Kinderjahren und erinnerten sich, wie wohlgepflegte Kinderchen sie gewesen und daß ihre Väter ausgesehen hatten wie andere Männer, geachtet und sicher. Dann waren sie auf lange getrennt worden, und als sie sich wiederfanden, sahen sie in sich zugleich das verschwundene Glück des Hauses, und ihre Neigung wuchs sich nur um so heftiger ineinander. Sie mochten so gern fröhlich und glücklich sein, aber nur auf einem guten Grund und Boden, und dieser schien ihnen unerreichbar, während ihr heißes Blut am liebsten gleich zusammengeströmt wäre.

„Nun ist es Nacht", rief Vrenchen, „und wir sollen uns trennen!" –

„Ich soll nach Hause gehen und dich allein lassen?" rief Sali. „Nein, das kann ich nicht!" – „Dann wird es Tag werden und nicht besser um uns stehen!"

„Ich will euch einen Rat geben, ihr närrischen Dinger!" tönte eine harte Stimme hinter ihnen, und der Geiger trat vor sie hin. „Da steht ihr“, sagte er, „wißt nicht wo hinaus und hättet euch gern. Ich rate euch, nehmt euch, wie ihr seid, und wartet nicht. Kommt mit mir und meinen guten Freunden in die Berge, da braucht ihr keinen *Pfarrer*, kein Geld, keine Schriften, keine Ehre, kein Bett, nichts als euren guten Willen! Es ist gar nicht so übel bei uns, gesunde Luft und genug zu essen, wenn man tätig ist; die grünen Wälder sind unser Haus, wo wir uns liebhaben, wie es uns gefällt, und im Winter kriechen wir den Bauern ins warme *Heu*. Also kurz entschlossen, haltet gleich hier Hochzeit und kommt mit uns, dann seid ihr alle Sorgen los und habt euch für immer oder wenigstens solang es euch gefällt; denn alt werdet ihr bei unserem freien Leben, das könnt ihr glauben! Denkt nicht etwa, daß ich euch übelnehmen will, was eure Alten an mir getan! Nein! Es macht mir zwar Vergnügen, euch da angekommen zu sehen, wo ihr seid; aber damit bin ich zufrieden und werde euch helfen, wenn ihr mir folgt.“

Er sagte das in einem ehrlichen und gemütlichen Ton. Damit ging er ins Haus. Vrenchen zitterte in Salis Armen, und dieser sagte: „Was meinst du dazu? Mir scheint, es wäre nicht übel, die ganze Welt sich selbst zu überlassen und uns dafür zu lieben ohne Grenzen!“ Er sagte es aber mehr als einen hoffnungslosen Scherz als im Ernst.

Vrenchen aber erwiderte ganz treuherzig und küßte ihn: „Nein, dahin möchte ich nicht gehen, denn da geht es auch nicht nach meinem Sinne zu. Nie möcht’ ich dir untreu

---

*der Pfarrer* schließt die Ehe in der Kirche
*das Heu* getrocknetes Gras,
das für den Winter gesammelt wird

werden, wenn ich auch sonst noch alles ertragen würde, um dich zu besitzen!"

Dennoch aber fieberte das arme Vrenchen immer heftiger an Salis Brust; denn schon seit dem Mittag, wo jene Wirtin sie für eine Braut gehalten und sie eine solche ohne zu widersprechen dargestellt, brannte ihr das Brautwesen im Blute, und je hoffnungsloser sie war, um so wilder. Dem Sali erging es ebenso schlimm, da die Reden des Geigers, so wenig er ihnen folgen mochte, dennoch seinen Kopf verwirrten, und er sagte ratlos:

„Komm herein, wir müssen wenigstens noch was essen und trinken."

Sie gingen in die Gaststube, wo niemand mehr war als die kleine Gesellschaft der Heimatlosen, welche bereits um einen Tisch saßen und eine Mahlzeit hielten.

„Da kommt unser Hochzeitspaar!" rief der Geiger. „Jetzt seid lustig und fröhlich und laßt euch zusammengeben!"

Sie wurden an den Tisch gedrängt und flohen vor sich selbst an diesen hin; sie waren froh, nur für den Augenblick unter Leuten zu sein. Sali bestellte Wein und zu essen, und es begann eine große Fröhlichkeit. Sali und Vrenchen waren still und hielten sich umfaßt; auf einmal gebot der Geiger Stille und spielte eine spaßhafte Zeremonie vor ihnen, welche eine *Trauung* darstellen sollte. Sie mußten sich die Hände geben, und die Gesellschaft stand auf und trat der Reihe nach zu ihnen, um ihnen zu gratulieren und bei sich willkommen zu heißen. Sie ließen es geschehen, ohne ein Wort zu sagen, und betrachteten es als

---

*die Trauung* Eheschließung

einen Spaß, während es sie doch kalt und heiß durchzitterte.

Die kleine Versammlung wurde jetzt immer lauter und unruhiger, bis plötzlich der Geiger ans Heimgehen erinnerte.

„Wir haben weit“, rief er, „und Mitternacht ist vorüber! Auf! wir wollen das Brautpaar begleiten, und ich will vorausgeigen, daß es eine Art hat!“

Da die ratlosen Verlassenen nichts Besseres wußten und überhaupt ganz verwirrt waren, ließen sie geschehen, daß man sie voranstellte und die übrigen zwei Paare einen Zug hinter ihnen bildeten, welchen der Bucklige beendete mit seiner Baßgeige über der Schulter. Der Schwarze zog voraus und spielte auf seiner Geige wie verrückt den Berg hinunter, und die anderen lachten, sangen und sprangen hinterdrein. So strich der tolle nächtliche Zug durch die stillen Felder und durch das Heimatdorf Salis und Vrenchens, dessen Bewohner längst schliefen.

Als sie durch die stillen Straßen kamen und an ihren verlorenen Vaterhäusern vorüber, ergriff sie eine schmerzhafte wilde Laune, und sie tanzten mit den anderen hinter dem Geiger her, küßten sich, lachten und weinten. Sie tanzten auch den Hügel hinauf, über welchen der Geiger sie führte, wo die drei Äcker lagen, und oben strich der schwärzliche Kerl die Geige noch einmal so wild, sprang hierhin und dorthin, und seine Gefährten blieben nicht zurück in der tollen Laune; selbst der Bucklige sprang schwer atmend mit seiner Last herum und keines schien mehr das andere zu sehen. Sali faßte Vrenchen fester in den Arm und zwang sie still zu stehen; denn er war zuerst zu sich gekommen. Er küßte sie, damit sie schweige, heftig auf den

Mund, da sie sich ganz vergessen hatte und laut sang. Sie verstand ihn endlich und sie standen still und *lauschend*, bis ihre wilde Hochzeitgesellschaft das Feld entlang geeilt war und, ohne zu merken, daß sie nicht mehr dabei waren, am Ufer des Stromes hinauf verschwand. Die Geige, das Gelächter der Mädchen und die Freudenschreie der jungen Männer tönten aber noch eine gute Zeit durch die Nacht, bis zuletzt alles still wurde.

„Diese sind wir los“, sagte Sali, „aber wie kommen wir selbst voneinander los?“

Vrenchen war nicht fähig zu antworten und lag hochaufatmend an seinem Halse.

„Soll ich dich nicht lieber ins Dorf zurückbringen und Leute wecken, daß sie dich aufnehmen? Morgen kannst du ja dann deinen Weg gehen und gewiß wird es dir wohl gehen, du kommst überall weiter!“

---

*lauschen* still sein, um besser hören zu können

„Weiterkommen, ohne dich!“

„Du mußt mich vergessen!“

„Das werde ich nie! Könntest denn du es tun?“

„Darauf kommts nicht an, mein Herz!“ sagte Sali und strich ihr über die heißen Wangen, „es handelt sich jetzt nur um dich; du bist noch so jung, und es kann dir noch auf allen Wegen gut gehen!“

„Und dir nicht auch, du alter Mann?“

„Komm!“ sagte Sali und zog sie fort. Aber sie gingen nur einige Schritte und standen wieder still, um sich bequemer zu umarmen und zu herzen. Die Stille der Welt sang und musizierte ihnen durch die Seelen, man hörte nur den Fluß unten rauschen im langsamen Ziehen.

„Wie schön ist es da rings herum! Hörst du nicht etwas tönen, wie ein schöner Gesang oder ein Glockenläuten?“

„Es ist das Wasser, das rauscht! Sonst ist alles still.“

„Nein, es ist noch etwas anderes, hier, dort hinaus, überall tönt's!“

„Ich glaube, wir hören unser eigenes Blut in unseren Ohren rauschen!“

Sie lauschten ein Weilchen auf diese Töne, welche aus der großen Stille kamen oder welche sie mit den magischen Wirkungen des Mondlichtes verwechselten, welches nah und fern über die weißen Herbstnebel floß. Plötzlich fiel Vrenchen etwas ein: sie suchte in ihrem Kleid und sagte:

„Ich habe dir noch ein *Andenken* gekauft, das ich dir geben wollte!“ Und sie gab ihm den einfachen Ring und steckte ihm diesen an den Finger.

---

*das Andenken* Geschenk zur Erinnerung

Sali nahm sein Ringlein hervor und steckte es an Vrenchens Hand, indem er sagte: „So haben wir die gleichen Gedanken gehabt!“

Vrenchen hielt ihre Hand in das helle Silberlicht und betrachtete den Ring. „Ei, was für ein feiner Ring!“ sagte sie lachend; „nun sind wir aber doch *verlobt* und versprochen, du bist mein Mann und ich deine Frau, wir wollen es einmal einen Augenblick denken, nur bis jener Nebel am Mond vorüber ist oder bis wir zwölf gezählt haben! Küsse mich zwölfmal!“

Sali liebte gewiß ebenso stark wie Vrenchen, aber die Heiratsfrage war in ihm doch nicht so leidenschaftlich lebendig als ein unmittelbares Sein oder Nichtsein, wie in Vrenchen, welche nur das eine zu fühlen fähig war und mit leidenschaftlicher Entschlossenheit unmittelbaren Tod oder Leben darin sah. Aber jetzt ging ihm endlich ein Licht auf, und das weibliche Gefühl des jungen Mädchens wurde in ihm auf der Stelle zu einem wilden und heißen Verlangen. So heftig er Vrenchen schon umarmt hatte, tat er es jetzt doch ganz anders und stürmischer und bedeckte sie mit Küssen. Vrenchen fühlte trotz aller eigenen Leidenschaft sofort diesen Wechsel und ein heftiges Zittern fuhr durch ihren Körper, aber ehe jener Nebel am Monde vorüber war, war sie auch davon ergriffen. Im heftigen Drängen und Ringen begegneten sich ihre ringgeschmückten Hände und faßten sich fest, ohne den Befehl eines Willens. Salis Herz klopfte bald wie mit Hämmern, bald stand es still, er atmete schwer und sagte leise:

---

*verlobt* wenn zwei sich die Ehe versprechen, sind sie *verlobt*

„Es gibt eines für uns, Vrenchen, wir halten Hochzeit zu dieser Stunde und gehen dann aus der Welt – dort ist das tiefe Wasser – dort trennt uns niemand mehr und wir sind zusammengewesen – ob kurz oder lang, das kann uns dann gleich sein."

Vrenchen sagte sofort: „Sali – was du da sagst, habe ich schon lang bei mir gedacht und beschlossen, nämlich daß wir sterben könnten und dann alles vorbei wäre – so versprich mir, daß du es mit mir tun willst!"

„Es ist schon so gut wie getan, es nimmt dich niemand mehr aus meiner Hand als der Tod!" rief Sali außer sich.

Vrenchen aber atmete hoch auf, Tränen der Freude flossen aus ihren Augen; sie sprang leicht wie ein Vogel über das Feld gegen den Fluß hinunter. Sali eilte ihr nach; denn er glaubte, sie wolle ihm entfliehen, und Vrenchen glaubte, er wolle sie zurückhalten. So sprangen sie einander nach und Vrenchen lachte wie ein Kind, welches sich nicht will fangen lassen.

„Tut's dir schon leid?" rief eines zum andern, als sie am Flusse angekommen waren und sich ergriffen; „Nein! es freut mich immer mehr!" antwortete ein jedes.

Ohne alle Sorgen gingen sie am Ufer hinunter und überholten die eilenden Wasser, so dringend suchten sie einen Platz für sich; denn ihre Leidenschaft sah jetzt nur das Glück, das in ihrer Vereinigung lag und der ganze Wert und Inhalt des übrigen Lebens drängte sich in diesem zusammen, was danach kam, Tod und Untergang, war ihnen ein Nichts.

„Meine Blumen gehen mir voraus", rief Vrenchen, „sieh, sie sind ganz hin und verblüht!" Sie nahm sie von der Brust, warf sie ins Wasser und sang laut dazu: „Doch süßer als ein Mandelkern ist meine Lieb zu dir!"

„Halt!“ rief Sali, „hier ist dein Brautbett!“

Sie waren an einen Fahrweg gekommen, der vom Dorfe her an den Fluß führte, und hier war eine Landungsstelle, wo ein großes Schiff, hoch mit Heu beladen, angebunden lag. In wilder Laune begann er sofort es loszubinden. Vrenchen fiel ihm lachend in den Arm und rief:

„Was willst du tun? Wollen wir den Bauern ihr Heuschiff stehlen zu guter Letzt?“

„Das soll die *Aussteuer* sein, die sie uns geben, eine schwimmende Bettstelle und ein Bett, wie noch keine Braut gehabt! Sie werden überdies ihr Eigentum unten wiederfinden, wo es ja doch hin soll, und werden nicht wissen, was damit geschehen ist. Sieh, schon will es hinaus!“

Das Schiff lag einige Schritte vom Ufer entfernt im tieferen Wasser. Sali hob Vrenchen mit seinen Armen hoch empor und schritt durch das Wasser gegen das Schiff; aber sie umarmte ihn so heftig und *zappelte* wie ein Fisch, daß er im ziehenden Wasser keinen Stand halten konnte. Sie wollte Gesicht und Hände ins Wasser tauchen und rief:

„Ich will auch das kühle Wasser versuchen! Weißt du noch, wie kalt und naß unsere Hände waren, als wir sie uns zum ersten Mal gaben? Fische fingen wir damals, jetzt werden wir selber Fische sein und zwei schöne große!“

„Sei ruhig, du liebes Mädchen!“ sagte Sali, der Mühe hatte, zwischen dem zappelnden Liebchen und den Wellen sich gerade zu halten, „es zieht mich sonst fort!“

Er hob seine Last in das Schiff und schwang sich nach;

---

*die Aussteuer* Möbel und Betten, die eine heiratende Tochter von den Eltern erhält

*zappeln* sich heftig bewegen

er hob sie auf die hochgebettete weiche und wohlriechende Ladung und schwang sich auch hinauf, und als sie oben saßen, trieb das Schiff in die Mitte des Stromes hinaus und schwamm dann, sich langsam drehend, zu Tal.

Der Fluß zog bald durch hohe dunkle Wälder, bald durch offenes Land; bald an stillen Dörfern vorbei, bald an einzelnen Häusern; hier kam er in eine Stille, daß er einem ruhigen See glich und das Schiff beinahe hielt, dort eilte er durch eine Enge und ließ die schlafenden Ufer schnell hinter sich; und als die Morgenröte hochkam, erschien zugleich eine Stadt mit ihren Türmen aus dem silbergrauen Strome. Der untergehende Mond, rot wie Gold, legte ein glänzendes Band den Strom hinauf und auf diesem kam das Schiff langsam gefahren. Als es sich der Stadt näherte, sanken in der Kälte des Herbstmorgens zwei bleiche Gestalten, die sich fest umarmten, von der dunklen Masse herunter in die kalten Fluten.

*Fragen*

1. Der Schriftsteller erzählt immer wieder, daß Sali und Vrenchen sich anständig und ordentlich benehmen und so aussehen, wie jedes andere Liebespaar auch. Warum, glauben Sie, tut er das?
2. Es ist ein schöner Septembermorgen, als Sali und Vrenchen ihren Spaziergang machen. Wann in der Geschichte ist von einem anderen Septembermorgen erzählt worden? Ist das reiner Zufall? Begründen Sie Ihre Meinung.

3. Warum konnten Sali und Vrenchen nicht bei der Kirchweih bleiben und dort tanzen? Wohin gingen sie dann?
4. Warum können Sali und Vrenchen nicht zusammen bleiben und heiraten? Warum wollen sie auch nicht dem schwarzen Geiger folgen?
5. Welche Rolle spielt der schwarze Geiger in diesem Kapitel?
6. Wer, glauben Sie, ist an Salis und Vrenchens Tode schuld? – Sie selbst? Ihre Väter? Die Gesellschaft?
7. Finden Sie „Romeo und Julia auf dem Dorfe" einen guten Titel für die Geschichte? Warum?